规则的
力量

侯沁舲 著

国际文化出版公司
·北京·

图书在版编目（CIP）数据

规则的力量 / 侯沁舲著 . —北京：国际文化出版
公司 , 2023.11
ISBN 978-7-5125-1585-7

Ⅰ . ①规… Ⅱ . ①侯… Ⅲ . ①儿童教育－家庭教育
Ⅳ . ① G782

中国国家版本馆 CIP 数据核字（2023）第 189337 号

规则的力量

作　　者	侯沁舲	
责任编辑	侯娟雅	
策划编辑	何　寅　姜玉娣　张睿珺	
出版发行	国际文化出版公司	
经　　销	国文润华文化传媒（北京）有限责任公司	
印　　刷	北京联兴盛业印刷股份有限公司	
开　　本	800 毫米 × 1230 毫米	32 开
	7.75 印张	134 千字
版　　次	2023 年 11 月第 1 版	
	2023 年 11 月第 1 次印刷	
书　　号	ISBN 978-7-5125-1585-7	
定　　价	55.00 元	

国际文化出版公司
北京朝阳区东土城路乙 9 号　　　　　　邮编：100013
总编室：（010）64270995　　　　　　传真：（010）64270995
销售热线：（010）64271187
传真：（010）64271187-800
E-mail: icpc@95777.sina.net

推荐序

　　我研究积极心理学，这里面所讲的幸福，对于我们老百姓来说很多时候就是"小确幸"[1]，不必太抽象化。日常生活中我们能体会到的美、体会到的创意、体会到的动容，能使我们心情愉悦的点点滴滴，都是幸福。同样地，有幸拿到一本好书，展卷有益，为福。

　　侯沁舲老师的《规则的力量》正好让我想到了 10 多年前

1　网络热词，意指微小而确实的幸福。

求学时的一段往事。在学习发展心理学的时候，有一次的课后作业是看一个纠正美国"问题孩子"问题行为的系列视频，然后写心得体会。当时我对两件事充满感慨：一是美国当时就有了可以住在家里陪孩子成长的心理／行为治疗师，二是美国教育并不像我们想象中的那样"自由，不讲规矩"，孩子随心所欲地发展，家长也会承担苦果。

可喜的是，随着国内的发展，我们现在也有了专业的可以陪伴孩子成长的心理治疗师。而今日，《规则的力量》一书正和我多年的愿望"相遇"，我在想，要是有个系统的讲解就好了。虽然我之前看了很多关于欧美教育的剖析，但都挂一漏万，不甚解渴。直至今日我拿到此书，才觉得这是冥冥中的契合，倍感喜悦。

随意成长是一种自由，遵照规则发展也是一种自由。前者的自由是随机性的，有天赋、运气等的成分在内，往往是少数人"被眷顾"。后者的自由是经过人类社会验证的，是学习积累的经验，是文明的结果，是绝大多数人的"理性选择"。如果让我去选择我的自由，很显然，我不敢去选随意成长，因为我是绝大多数人。

这本书的内容来自一个一线父亲的亲身"战斗"经验，同样也符合发展心理学的科学观点。这样的结合使得书中的内容既不晦涩又有科学依据。更难能可贵的是，《规则的力量》这本书对很多耳熟能详的育儿观点保持中立态度，鼓励各位父母去独立思考。这正好是对育儿的"玄学性"进行科学的剖析。规律和道理来自对现象的统计学归纳，而实际应用时需要我们了解道理、反思道理，对孩子因材施教，从而摆脱"道理都懂，但还是教不好"的怪圈。

北京康健数字化健康管理研究院副院长

清华大学社会科学学院博士后

陈涛

2023 年 8 月 28 日于明斋

前言

养孩子，复杂化 or 简单化？

养孩子，毋庸置疑，本质上是一件复杂的事情。没有哪个父母不爱孩子，但绝不会仅仅因为爱，就能养出一个人格、能力、学识均衡发展的孩子。

作为一名长期从事家庭教育的工作者，我积累了多年的教育咨询经验，帮助无数家庭解决过棘手的、拧巴的、躲不过的养育难题。在这个过程中，我总结了很多经典案例和养育规则，都将在这本书中分享给你。

首先，我想请翻开这本书的家长们回答一个看似简单，实则很有思考价值的问题:养孩子，到底应该复杂化还是简单化?事实上，并不是把复杂的问题简单化处理，或者把孩子身上每个"部件"处理到极致，教育就成功了。我认为这个问题的答案是:因**"龄"**而异。

　　一直以来，都有很多家长对我说，教育孩子太不容易了，自己工作忙，没太多时间陪孩子，有没有什么简单有效的方法，可以让自己拿来就能用的?

　　我告诉他们，有，但使用年龄有讲究。尤其在孩子 10 岁之前，绝对不能把养育这件事简单化处理，否则就会给孩子的成长埋下隐患，也会让家长后期的教育更吃力。

　　把简单的问题复杂化，对初学者更有利，而把复杂的问题简单化，"老手"才更能够胜任。 在孩子 10 岁以前，家长还处在父母角色的"初学者"状态，这个阶段的养育，就要学着把简单的问题复杂化，万万不可偷懒或者投机取巧而对孩子出现的问题一带而过。当孩子 10 岁以后，父母随着自身的学习能力、养育能力升级，逐渐就能成为把复杂问题简单化的智慧父母。其中的转变，是需要家长们不断精进、刻意练习才能达到的。

10 岁之前，简单的事情复杂化

不知你有没有留意过或者经历过，很多家长在孩子很小的时候，往往追求简单的教育方式，希望花最小的力气，来实现最佳的教育目标，常常容易把一些复杂的事情简单化处理。比如，孩子吃饭很慢，很多家长觉得与其耐心地教孩子学习用餐具，引导孩子一点点尝试着自己往嘴里送，还不如自己直接喂孩子吃。又比如，孩子回家不愿意洗手，家长们觉得与其花心思和孩子解释什么是病菌、洗手有什么好处以及正确的洗手方法，不如干脆拉着孩子强制他们去洗手，这样很快就能解决问题。

短期来看，简单化的教育方式确实很省心，很节约时间，也能让孩子快速实现我们想要的目标。

而从长远来看，随着年龄增长，到了三四岁之后，孩子逐渐有了独立意识，他们就想要尝试自己吃饭和洗手了。**可如果缺少前面的基础锻炼，他们刚开始会行动很慢，效果也不好**，可能用半小时才能吃完一碗饭，洗手能把全身都弄湿。这个时候，如果家长的做法还是简单化处理，继续给孩子喂饭，拉着孩子洗手，快速解决问题的话，就会严重阻碍孩子的正常发展，**轻**

则让孩子不能掌握基本生活技能，重则让孩子对父母养成习惯性依赖。

父母大包大揽，孩子就很难学会真正的独立。更有甚者，会让亲子关系产生裂缝。

就拿父母躲不过的辅导作业这件事来说，很多家长的做法是，当孩子回到家，就跟孩子说，你抓紧时间去把作业做完，给你一小时，如果完成了，就可以玩游戏；如果没有完成，晚饭取消，不能玩游戏，甚至周末安排的出游计划也取消。

很多孩子听到这里，会很害怕原有的计划被取消，就乖乖去做作业了。而有的孩子觉得，取消就取消，没什么大不了，这时家长往往就没辙了。因为随着孩子长大，很多家长原来那套简单粗暴的管教方式不起作用了。

所以，我特别建议，在**孩子 10 岁前，家长们一定要把行为模式反过来，简单的事情可以适当复杂化对待。**

以制定规则来说明，简单的方式是告诉孩子必须做到某件事，否则就要受到处罚；**而复杂的做法是，和孩子沟通规则背后的原因，或者和孩子协商更好的规则，乃至允许孩子为自己的失误辩解，由此来培养孩子的思辨力。**

在我家，我给孩子制定的"写作业规则"是，必须在晚上 9 点前把作业完成，如果没有完成的话，是要打屁股的，打三下 [1]。孩子一直遵守这个规则，但偶尔有一次，到了晚上 9 点 30 分才完成。

本来，我可以用很简单的做法，就是直接打孩子屁股三下，不用一分钟就能完成，然后让她接着写作业。但我没有这么做，而是选择了把事情复杂化。我先和孩子讨论这个延时的责任是谁的，孩子说责任是自己的，明明 9 点之前确实是可以完成的。听到孩子这么说，我依然可以选择简单的做法，就是直接指责孩子："你看你没有按约定时间完成作业，这就是你的问题，我要揍你。"但我如果这样做了，并不能让孩子明白，如何避免再犯同样的错误。

于是，我又花了半小时，来和孩子讨论这个问题，经过分析，她明白了该怎么安排作业先后顺序，最后得出结论，她的作业 9 点之前确实可以完成。

事情到这里并没有结束，我又用了半小时的时间跟她讨论

1　此例子并不是鼓励大家体罚孩子。相比于克扣孩子娱乐时间、零花钱等惩罚方式，不伤害孩子身体的体罚是相对简单有效的方式。如采取同样的惩罚方式，应注意力度，在安全范围内执行。

了一件事情，就是她犯了错误，所以要接受惩罚。这其实不算是讨论，更多的是我在告诉她**"你对接受惩罚这件事情是知情的"**，再次和她强调规则。直到最后，孩子跟我说，她明白了，今天确实要接受惩罚，但她又问我："下次不是故意犯错的话，能不能不接受惩罚？"我就跟她举例说明："如果我开车闯红灯了，被警察拦下来，我跟警察说我忘了，那警察就会因此不罚我吗？"显然不会。就这样反复沟通，直到让孩子彻底明白，没有遵守规则就是要接受惩罚。

当孩子接受了这个结果后，又跟我说："爸爸，我害怕。"我说："好的，**我给你时间慢慢去消化，同时看你能不能在消化的时候记住现在这种害怕的感觉。因为只有你记住这种感觉，之后才能避免再次犯错。如果你之后忘了害怕的感受，那可能还会挨揍。"**

孩子花了半小时调适心理，说："爸爸，我记住了，我准备好接受惩罚了。"我就给了她一个拥抱，然后轻轻打了她屁股三下。

大家发现没有，这个过程其实很长，原来只用 10 分钟可以解决的事情，**我花了差不多 2 小时**。但我同时做到了以下三件事：

一是关注孩子的情绪。

二是让孩子明确了规则内容。

三是引导孩子更好地管理自己，学会避免再次犯错。

如果我用简单的方法，比如说"算了，明天你多注意"，或是直接惩罚孩子，提醒孩子记住，都不能达到教育目的，因为孩子并不清楚被惩罚背后的原因，也无法真正展开思考和受到启发。

所谓简单的事情复杂化，实际上是引导孩子做一件很重要的事情，这件事情叫作思考。从小教会孩子思考，培养思辨能力，是家长们在早期家庭教育中要着重关注的事情。

10岁之后，复杂的事情简单化

当孩子长大一点，超过10岁后，家庭中最常见的一个教育误区就是父母把简单事情复杂化处理了。从家长的角度来说，孩子长大了，掌握的知识变多，领悟力变强，可以慢慢跟他讲道理了。

举个例子来说。在这个阶段，当家长发现孩子早恋，会如临大敌，马上和孩子聊早恋的危害、如何正确对待异性，以及怎么不影响学习，等等。但结果往往是，孩子并不能理解家长的苦心，只觉得家长唠叨，和家长敌对、吵架，甚至离家出走。

怎么避免这种情况？

孩子 10 岁之后，开始进入青春期，他们已经有了比较完整的思考模式，这时候你再一直告诉他该怎么做，带给孩子的感受不是关心和爱，而是你对他的否定和不信任，亲子之间就会呈现敌对状态。

这个时候我们应该做的，**就是把复杂的事情简单化处理**。还是拿早恋举例。早恋这件事情没那么复杂，它实际上是青春期孩子特别常见的情感认知现象，即孩子开始对异性有了好感。但很多家长容易想得复杂，担心早恋影响孩子学习成绩和情绪，所以会出现很多提醒、盯梢甚至阻止的举动。

正确的做法应该是，简单看待这件事。一旦你发现自己的孩子喜欢异性了，不用把它想得那么复杂，你就告诉孩子，在和异性交往时，哪些行为是被允许的，哪些是不被允许的，就可以了。比如，允许孩子喜欢别人，但是不允许他们有过多身体上的接触，至于其他的，就留给孩子自己去思考和处理。我们要多给孩子解决问题的机会，相信孩子有自己的方式，由此培养他们独立解决问题的能力。

再举个例子，孩子在学校被欺负了，应该怎么处理？按照上面说的方法来进行，孩子不到 10 岁时，我们要把这件事复杂处理，不能简单说一句"打回去就好了"，**我们要做的，是花时间去了解孩子的心理活动，然后慢慢引导他去分析，从而做出自己的反应。**

　　而孩子超过 10 岁后，我们就要反过来，把类似的事情简单化处理。可以问询孩子**"你需不需要我？需要我就上，不需要我，我等着你有需要再叫我"**，这样就可以了。

　　至于说孩子怎么去解决，交给孩子自己决定。我们在正文中讲社交力的时候会展开来讨论这个问题，我在这里只是想告诉大家，孩子长大之后，**要尊重他们的判断力。**

　　总而言之，教育孩子没有一成不变的方式，却有很多不可或缺的规则，我们需要用好这些规则，根据孩子的年龄来调整具体做法，从而帮助孩子铺就自己的人生底色。这是一本写给所有父母的"规则养育"指南，希望它能够帮助你在做父母的这条路上，少一些慌乱，多一分笃定。共勉！

目
录

规则养育的概念和误区 _001

- 当孩子能够确定，"我在家遵守规则做事情，是安全的"，才更有利于孩子建立内心的秩序。有一个长期稳定的心理环境，对孩子的成长是非常重要的。

家庭规则篇 _019

- 找准赛道和评价系统，唤醒孩子的自我驱动。
- 正向反馈是对孩子的祝福，那么负向反馈就是诅咒。
- 不盲目评判孩子，培养孩子的胜任感。
- 接纳失败，用成长型思维挑战失败。

学习规则篇 _081

- 允许孩子不爱学习，是教育最大的成功。
- 成就感是持续学习的推动力。
- "适度干扰"能锻炼孩子的学习能力。
- 让孩子自主选书，比家里有多少藏书更重要。

亲密关系篇 _155

- "无条件的爱"是爱的态度,"有规则的爱"是爱的方法。
- 创建"家庭合作式教育",把"猪队友"变成得力助手。
- 真正的沟通在于对结果保持开放的心态。

教育观点篇 _193

- 夸孩子时，你不妨大胆一些。
- 不要在惩罚孩子的时候代入自己的情绪。
- 当你的迫切超越了孩子的发展规律，你的热情超越了孩子对学习的热情，那便是对孩子自我发展的一种破坏。

规则养育的概念
和误区

家庭只讲爱，不讲规则？错得离谱

　　我曾经跟一位咨询者聊天，我说，每位家长都应该制定好自己家的家庭规则，帮助孩子去了解和遵守规则。当时那位咨询者的第一反应令我印象深刻，他说："老师，这样是不是太生硬了？都说家是讲爱、讲感情的地方，不是讲道理的地方，连道理都不应该去讲，更何况是冷冰冰的规则！"可如果我们只用爱对孩子进行教育和管理，显然是行不通的。家庭的确要讲爱，但爱和规则绝不冲突。

规则，给孩子带来安全感和适应力

我女儿上二年级的时候，我第一次给她买了智能手表，她很兴奋，用这块表和她的朋友进行视频聊天。当时，我正好从她身后经过，她和好朋友也聊得正开心，朋友对她说："你在你们家地位肯定特别高！"这时候她看到我走过来，然后"噔噔噔"跑到我面前给了我结实的三拳。注意，是真的打了我三拳，还挺疼的。打完以后，我女儿一脸得意地跑了，还跟她朋友说："你看到没有，在我们家，只要我不犯错误，在我爸爸面前，我就是这种地位。"我当时有点蒙，但回头想想，也觉得好笑。

我回想了一下女儿说的话，她说得没错，实际上我跟她之间的规则就是，在她没有犯错误的情况下，是可以对我开玩笑的，包括可以"打爸爸"。她充分地了解，在家里要遵循什么规则，和父母开玩笑的尺度在哪里。**其实，对于孩子来说，规则越明显，获得的相对自由反而越大。**

如果父母在家庭里不和孩子讲规则，孩子习惯了由着自己的感受来做事，会带来两个方面的后果：

1. 进入社会后非常不适应。

2. 孩子人格塑造会受影响。

我们对孩子教育的目的，最终绝不是把他们限制在家庭里，而是要推着他们进入社会，而社会就是由各种规则组成的。

有很多人进入社会后不适应，抱怨社会不公平，抱怨很多事情和自己想象的不一样。其实这个世界上本就没有绝对的公平，这样的观念，原本可以在家庭教育中就传导给孩子。比如，在家里，不是爸爸妈妈想干什么就干什么，尤其是多孩家庭中，也不是老大干了什么，老二就可以干什么。我们在家庭教育中，可以通过实践让孩子明白，没有绝对的公平，凡事都有相应的规则。

规则的存在是必要的。即便站在成年人的角度来讲，不管是在家里还是在社会上，都要遵守法律和道德的约束。规则的存在，并不是为了限制我们，让我们活得压抑，反而是在最大限度地保护我们，让我们感到确定和安心。家庭教育本身也应该通过规则来对孩子进行管理，吃饭要有规则，学习要有规则，亲子沟通也要遵循一定的规则。

父母要帮助孩子知道"我在家什么是可以做的，什么是不可以做的"，这些规则确定了就要遵守，不能轻易破坏。换句话说，**当孩子能够确定，"我在家遵守规则做事情，是安全的"，**

才更有利于孩子建立内心的秩序。有一个长期稳定的心理环境，对孩子的成长是非常重要的。

就像我女儿，她对家庭的规则越了解，就越知道这些规则是安全和稳定的，不会轻易发生改变。比如，不会因为她今天开玩笑打疼我了，我就会骂她一顿，所以她内心是很松弛的，知道自己没有违反规则，就没有心理负担。她同时也知道，不能对奶奶这样做，因为那就是违反了规则。

事实上，规则也可以很"灵活"，比如闹着玩的时候，什么地方可以打，什么地方不可以打。如果她只是打我的手臂没有问题，但如果她打了我的眼睛，那就是违反了我和她之间的规则。

所以，给孩子制定规则，让孩子遵守规则，更能给孩子带来安全感，同时增加孩子对社会的适应能力。

那到底应该怎么制定规则呢？做好这三步，规则才有效。

1. 父母要制定统一的规则。

在孩子小时候，父母是制定规则的主导者，孩子是遵守者。比如，很多父母会根据自己擅长的领域，在孩子教育上进行分工，爸爸管理孩子的数学作业，妈妈管理孩子的语文作业，或者妈妈安排孩子的学习，爸爸安排孩子的玩耍。

但如果父母制定的规则没有一个统一的标准，孩子就会感到无所适从。举个例子，晚上8点，孩子该怎么安排？妈妈认为现在是学习时间，孩子应该写作业；而爸爸认为这是休息时间，孩子可以玩游戏。这样孩子就不知道该怎么做了。

所以，无论怎样分工，在给孩子制定规则这件事上，父母双方要达成统一的标准。

2. 规则要被遵从。

既然有了规则，就不能轻易打破。比如学习的规则、时间管理的规则、亲子沟通的规则，都是要去遵守的。这就非常考验父母制定规则的"度"，既不能太松，也不能太紧，且要符合儿童成长规律。

清晰的规则并不一定是严厉的，是允许有一些弹性的。父母在制定规则时，要考虑孩子的执行能力。在制定规则之前，要与孩子充分沟通。在具体制定时，要考虑执行空间，控制好规则的弹性，使规则松弛有度，这样孩子才更容易遵守。

3. 让孩子成为规则的制定者。

给大家分享一个概念——自控力。通俗来说，**自控力指的是一个人控制自己行为的能力。我们在讲自控力的时候会谈到自控力的三个发展阶段，分别是他导、自律和自主。在这三个阶段**

里，贯穿不变的是关于规则的管理，不一样的是每个阶段，规则是由谁制定、由谁来执行的。

孩子小的时候，一般很少有自控力，规则也经常由父母制定。当孩子逐渐长大，慢慢培养出自控力，父母就可以适当放手，**让孩子成为规则的制定者。孩子学习给自己制定规则并长期坚持，才能形成好习惯。**

我女儿给自己制定的学习规则就是，每天写完作业后，10分钟之内必须把书桌整理好，把书包收拾好。在她看来，前一天晚上收拾好，比第二天早上火急火燎地收拾更简单高效。这个规则是她制定并认可的，如果她能坚持下去，就会形成好习惯。

对孩子来说，通过自己认可的规则来对自己进行管理，才能逐渐形成自控力。如果一直是父母制定规则，那么规则一旦改变了，孩子的状态就会马上改变。

我遇到过很多这样的情形，有些家长认为自己的孩子作息习惯不好，生活习惯不好，就把他送去夏令营。到了夏令营，孩子各方面表现得都特别好，然而，回到家两个星期以后，就变样了。这是为什么？因为孩子处于两种不同的规则管理之下。在夏令营的时候，按照夏令营的管理规则，孩子可以做得很好，但是回家之后，父母的规则发生了变化，孩子就恢复到了以前的样子。所以，家庭教育很重要的一点就是，**家长首先要制定并遵守规则，同时要教会孩子制定规则，学会自我管理。**

当我们给孩子制定规则的时候，首先要打消顾虑，不要害怕规则会破坏家庭的温馨与和谐。并不是说，有了规则，亲情就消失了。大家想一想，社会中规则最严格的地方是部队，起床、训练、吃饭、睡觉，无一不是规则，可在这种高压规则下培养出来的战友感情恰恰是最深的，因为他们都在遵守同样的规则，这个规则并不是专门针对某一个人制定的，而是对所有人的要求都一样。严格的规则并不会破坏关系的和谐，相反，能给人带来安全感和适应力。

规则不是家长控制孩子的工具，而是让孩子健康成长的助推器。更多关于规则的制定和使用细则，我将在后面的内容中讲解，大家可以根据我的建议，结合自己家庭的环境、孩子的年龄、当下的需求等，综合考量后付诸实践。

现在，我邀请你同我一起开启规则养育之路。

家庭教育的五个步骤

场景

孩子一写作业就拖拉磨蹭,我明知不是孩子的错,只是他遇到了不会的题目,可我依然很生气,控制不住自己的脾气。专家说了,不能吼、不能打,我该怎么办?

这些年,我接触过很多家长,发现一个挺有意思的"两极"现象:积极学习教育理论,消极实践教育过程。有些家长看似不遗余力地为孩子付出,却没有得到好的回报,孩子甚至讨厌学习,拒绝管教,故意和父母对着干。为什么会出现这种现象?

为了解答这个困惑，我研读了很多教育类书籍，也和很多心理学家、教育专家讨论，最终得出一个结论：良好的家庭教育需要经历五个步骤，且是环环相扣、循序渐进的。一旦掌握它，父母就能如同教练一般，一步一步引领孩子拿到独属于自己的那块"人生金牌"。

步骤1：认知升级

人与人之间最大的差别，本质上在于认知，教育孩子也一样，如果家长能通过学习升级自己的认知，用科学的方式来看待、理解孩子的行为，就能在教育孩子时更有方向感。当孩子的行为发生变化时，你用什么样的认知去理解它，就是你教育水平最直接的体现。

有一个典型的案例非常值得分享，就是阅读习惯的培养。在孩子两三岁的时候，很多家长会给孩子讲睡前故事，但是讲了三四年，孩子都已经六七岁了，依然没有培养出阅读兴趣和阅读习惯。家长就蒙圈了，我每天都给孩子讲书，也和孩子互动，我们的互动方式越来越亲密了，但为什么没有改变孩子不爱阅读的行为？这其实是家长在培养阅读兴趣这件事上出现了认知性错误。

再比如，孩子上课不听讲，家长通常会有这样的认知：上课不听讲是典型的注意力不集中。一旦家长这样认定后，重心就会集中到培养专注力上面，带着孩子一通训练，结果半年后发现孩子上课还是不听讲。为什么？问题还是出在家长的认知上，家长认为这是专注力的问题，但其实这是孩子的自控力出现了问题。

每位家长的身份、立场、受教育水平不同，认知就不同，这是非常正常的。但若不升级认知就去教育孩子，是非常危险的一件事。一不小心就会延续过去错误的教育方式，比如"不打不骂，孩子不成才""孩子成绩好，才是优秀，成绩不好，就是差劲"，等等。所以，家庭教育的第一个步骤，需要父母对自己的认知进行升级迭代。

步骤2：家长行为发生改变

认知升级是行为改变的铺垫，行为改变是认知升级的检验和体现。

你可能会说："我已经升级了，学习家庭教育知识，学着去理解孩子，可为什么我的孩子没有变化？"这就涉及家庭教育的特殊性——实践性。

每个孩子都是独一无二的，但成长规律是相似的。你学到的养育知识，光是学到了没用，真正用上了才能发挥价值。

举个简单的例子，以前看到孩子写作业磨蹭，我们会忍不住生气，如今学习了"埃里克森人格发展八阶段""皮亚杰认知发展四阶段"等相关知识，知道孩子磨蹭是一种正常现象，不是孩子的错，那么在行为上，面对孩子磨蹭时，自己能忍住不发火，引导孩子调整行为，就代表我们的行为发生了改变。

你发现了吗？家庭教育是一件知易行难的事，背后的原因就是认知和行为之间的链接。很多家长参与一些讲座，看了一些书，觉得对方说得不错，好像在认知上达成了共识，或者接受了这样的理论，但在自身行为上并没有发生变化，这实际上属于认知的无效升级。

如何从认知升级到有效应用？需要家长在两个方面进行锻炼。

第一，自控力练习。通过认知去有意识地控制自己的行为。大多数时候，我们的很多行为已经成为无意识行为。比如，看到孩子做一些违反自己要求的事情就会生气，这就是无意识行为。我们要做的，就是把这种无意识行为变成一种可以去控制的有意识行为。

第二，刻意练习。在锻炼有意识行为的同时，要不断地刻意练习。就是说，我们刻意提前在脑子里预演一下，"如果孩子出现什么样的情况，我应该怎么去对待他"，通过这样不断的刻意练习，能够帮助我们真正在行为层面发生改变。

家长的认知和行为都发生改变后，对孩子的教育是不是就能达到一个好的结果？比如说，面对孩子拖拉磨蹭这件事，我了解孩子拖拉磨蹭的原因了，也采取了正确的方式，那么孩子是不是马上就不再拖拉磨蹭了呢？我的答案是：不一定。

为什么？因为孩子不再磨蹭拖拉是家庭教育的结果，要想达到这个结果，还要经历两个步骤。也就是说，即使家长的认知和行为都已经有了很好的改变，也并不能马上达到想要的结果。想要好的结果，我们来看第三步怎么做。

步骤3：家长自我检验，亲子互动模式升级

实际上，上述所说的行为改变，是家长单方面做出了改变，

这种改变能不能对教育结果有正向的促进效果，取决于其中的另一位主角——孩子。在亲子互动的模式中，双方如果不能沿着同一个良性的路线去协同发展，那就只是家长的独角戏罢了。

举个非常好理解的例子，有些家长陪写作业，之前特别容易生气，经过认知升级，他知道自己不应该发脾气，然后通过行为的改变，解决了发脾气这件事。那么，他跟孩子的互动过程就发生了变化。互动之前，是一对愤怒的亲子，互动之后，成为一对不愤怒的亲子。

从某种角度讲，其实第三步应该是对第二步的一个检验，也就是说，家长确实是在调整，但是效果好还是不好，一个简单的判断标准是，跟孩子的交流是否增多了，互动方式是否有变化，关系是否更加亲密，教育结果是否在正向发展。这其中的难点是，需要家长在这个过程中去自行体会这种变化，它没有标准答案来供你参考。

在这本书里，我会尽可能地为你提供具体的可实施的养育规则，来帮助你降低这个环节的实践难度。当你的感受越来越正向时，你跟孩子的亲子关系就会悄悄改变。而这种微妙的变化，就是影响孩子行为变化的秘诀。

步骤4：孩子行为发生转变

这一步是基于第三步而实现的。准确地说，你和孩子的互动模式发生变化，这种变化会给孩子带来巨大影响，主要体现在孩子的行为开始发生转变。

孩子的行为变化包括很多方面，或许是和家长的沟通方式发生了改变，从畏畏缩缩变成敞开心扉、真诚交流；或许是开始有意识地对自己提出一些要求，从拖拉磨蹭变成自律上进；或许是开始关注一些之前不关注的事情，从敏感紧张变成乐观开朗。

这是一个过程，当孩子的行为开始改变，家长能够体会、观察到他的一丝丝变化，这就是家庭教育开始正向发展的一个重要标志。

步骤5：教育结果发生改变

最后这一步才是家庭教育成功的完整闭环。良好的家庭教育一定是要经历这五个步骤。

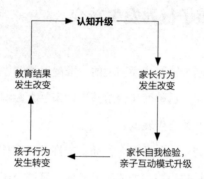

　　我们接着用这个模型来拆解一个典型例子——叫孩子起床。在很多家庭里，是父母叫孩子起床，但如果想培养孩子自觉起床的习惯，你可以对孩子说："从现在开始，我不叫你起床了，你要自己起床。"那么头几天孩子有可能就是起不来，这时候你得到的结果就是孩子确实起不来，上学迟到了。这个结果肯定不是你想要的，但是放到最终目标里来看，这是一个必经过程。

过程拆解：

认知层面：叫孩子起床不利于培养孩子的自我管理能力。

行为层面：家长改变行为，不叫孩子起床了。

亲子互动模式层面：之前起床互动模式是亲子间互相拉扯，之后起床互动模式改为孩子自觉起床。

孩子行为层面：家长期待的是孩子听到闹钟后起床，孩子的行为可能是听到闹钟不起床。

结果层面：孩子准时起床，或者没有准时起床导致迟到。

以上结果表明，通过孩子行为的改变，的确得到了一个结果，但这个结果有可能不是你最初想要的，那你可能要重新从第一步开始，去找不成功的原因，或者从第二步、第三步开始……所以第五步既是一个结果的改变，同时也是对前面四步的检验。

这五个步骤是一个不断重复、循序渐进的过程，在这个过程中，家长需要不断调整。比如，孩子的行为确实发生改变了，但是结果却没有发生改变，这说明孩子的行为变化方向不对，或者强度不够，那么就要继续调整。所以，这五个步骤都不可或缺。如果没有把上一步做好，那么下一步是很难开展的；即便上一步做好了，下一步的反馈可能也不是我们所期待的效果。

读到这里，你大概已经能理解这五个步骤的关系和必要性了。在阅读这本书的过程中，你会发现，我列举了很多"误区"，并给出了相对应的养育规则，目的就是来帮助你判断和调整养育的方向盘。这本书不仅会告诉你理论，还会带着你去做教育实践，让你反复精准练习，防止跑偏。

希望接下来的内容能为你带来全新的养育视角，帮助你走出迷茫和误区，用养育规则让你在家庭教育中变得得心应手。

家庭规则篇

孩子凭什么"听话"？

场景　　孩子小时候很听话，随着年龄增长，开始变得不听话，青春期表现尤为明显。那么，在孩子不同成长阶段，听话背后的动机到底是什么？

　　教育的目标绝不是把孩子驯养成自己眼中的"乖孩子"，养出一个"无脑服从"的孩子。孩子表面上的顺从，是在发现自己无力抵抗大人时的"不得已而为之"，与真的认同道理而产生的自主行为完全是两回事。

误区：
孩子听话，就是认同父母

对孩子来说，听话本应该是一个特别正向的鼓励，但由于家长并不了解孩子听话背后的真相，所以常常被听话的假象所"欺骗"，认为孩子听话就是认同自己的教导。如此一来，父母就看不见孩子内心深处的真实所想，而孩子表现出来的听话也只是折射了父母的"理想自我"。

我们都希望培养一个有独立人格的听话孩子。很多孩子，明明小时候很听话，但是到青春期又不听话了，这种变化让家长感到很困惑。实际上，听话很多时候只是表象。孩子年幼时所表现出的听话，往往是出于对家长情感上的依恋和"权威身份"的畏惧。进入青春期后，孩子在人格和思想上逐渐独立，于是不听话的情况越来越多。

我通过研究我过去大量的咨询案例发现，孩子听话本质上分为三种情况。年龄段不同，听话的原因、层次也就不同。只有充分了解背后的逻辑，父母才能正确执行"听话权"。

养育规则：

幼儿阶段（0～6岁）：因"爱父母"而听话

在学龄前阶段，**孩子对父母的爱是真正意义上无条件的爱**，这种爱可能比我们想象的要更加强烈。

这个阶段的孩子因为爱父母，才选择听话。

别不信。大量案例证明，站在孩子的角度来讲，他会认为做一个"听话的好孩子"能让父母高兴，从而能得到父母更多的喜爱。

拿日常生活中很常见的情景举例，吃晚饭时，你给孩子做了胡萝卜，孩子并不爱吃，但是他知道，如果他吃了，你就会觉得他是个听话的好孩子，会很开心，那么孩子会为了讨你开心而吃胡萝卜。

这个时期，父母也要学会接住孩子的爱，正确回应孩子。养育语言和规则都需要格外注意，不要误用孩子对父母的爱，让孩子从小只知道用听话去讨父母的欢心，这样发展的结果，孩子非常容易养成讨好型性格，压抑自己真实的感觉和想法，从而不能够真正做自己。比如以下行为，父母要尽量避免。

1. 习惯包办：孩子任何大大小小的事，父母都习惯一手包办。

2. 惯用命令："快，去把被子叠了""来，把这杯奶喝了"。

3. 反问指责："你怎么没按我说的做呢？"

这三种行为的潜台词都是：**听我的，我说了算，我让你怎样你就怎样。**

家长也要注意，这个年龄段的孩子处于人生第一阶段的叛逆期，他们挑战权威、挑战规则，恰恰表现出了独立思考的能力，这正是孩子健康成长的体现，也是这个阶段里非常正常的行为方式。所以，当孩子不听话时，身为家长，不要呵斥他，而应该耐心地引导沟通，多听听他内心的想法。

小学阶段（7 ~ 12岁）：
惧怕"绝对权威"而听话

小学阶段的孩子听话，往往是因为他们惧怕绝对权威，知道自己"对抗"不过父母，也就是自己跟父母之间是有差距的，"我赢不了你，所以干脆你说什么就听什么吧"。

可如果每一次孩子的请求都被父母用"听话"来压制，久而久之，孩子就不敢提出自己真实的想法了。

还是以吃胡萝卜为例。在这个阶段，孩子就明白了，父母让我吃胡萝卜，虽然我不想吃，但如果我跟他们说我不吃，父母会有什么反应？"必须吃，你不吃不行，不吃就没有别的吃的！"所以，孩子就会想，反正我也反抗不了，只能屈服。那么，与其跟他们抗争之后再屈服，还不如一开始就"听话"地吃掉，因为我已经预判到了，这个胡萝卜今天我必须得吃。

家长的态度导致孩子不敢发声、不敢犯错，孩子就不会再去大胆地尝试了，最后成为大人眼中听话的"乖孩子"。

很多小时候很乖的孩子，长大了心理问题较多，原因就是，他们以满足他人意愿、获得他人首肯为生活主导，失去表达自我的声音，忽略自己的真实需求，内心压抑而痛苦。

青春期（12岁+）："为自己"而听话

如果一个孩子到了青春期，到了初高中阶段，还能够去听父母的话，往往是因为他经过自己的思考之后，能够得出跟父母一样的结论。

假设孩子不愿意吃胡萝卜，这个时候父母说，"你要吃胡萝卜，胡萝卜素对你的眼睛好，对你的身体健康好"，孩子经过思考后，认为父母说得对，于是按照父母的意愿，吃了胡萝卜，这个就是"为自己"而听话。父母最期待的就是希望孩子经过独立思考后，和他们的想法一致，听他们的话。

而很多孩子在这个阶段变得叛逆，也是因为在他们的价值观逐渐形成的过程中，当自己内心的想法和家长的观念发生冲突时，就会变成"不听话"的孩子。

中国父母说的最难能可贵的一句话是："孩子，你怎么想？"这个阶段父母要做的就是逐渐"退出权威，而不退出情感"。随着孩子的成长，有时你们的想法难免会有冲突，但只要不违背原则，孩子可以自己做主，因为他有为自己做主的权利。当然，你也需要跟孩子说："虽然我们想法不一致，但是我尊重你的选择，你也要承担相应的后果。"

相信所有的父母都希望孩子拥有健全的人格，能够健康快乐地长大，拥有为自己人生做决定的能力，而不是成为一个失去自我、只会听话服从的"傀儡"。

作家伍绮诗曾写道："我们终此一生，就是要摆脱他人的期待，找到真正的自己。"面对生活的困难和人生岔路口，父母应该鼓励和帮助孩子，让孩子独立思考、直面挑战，而不是替孩子做决定。

我曾经在一篇文章中读到过一位母亲的自白，分享给大家：

> 我一字一句告诉女儿："你不需要听妈妈的话，你只需要听自己的话。妈妈希望你有独立思考的能力。妈妈希望你做每一件事情都发自你的内心。妈妈不希望把自己的意志强加给你。妈妈相信你所有的选择。妈妈相信你会为自己的每个决定负责。你不需要妈妈让你做什么你就做什么。妈妈不会用'听话'这个魔咒打磨你、扭曲你。妈妈相信，听自己的话长大的你，会更加快乐、热情，拥有强大到让人震撼的心理能量。"

规则与爱平行，界限与自由之间也并非对立。关键是我们在引导孩子去明白是与非、事与理的时候，是真的在向孩子示范多元化的、开放式的解决问题和人际沟通的方式，而不只是用简单粗暴的方式告诉孩子"你听话就对了"。

为什么孩子的专注力训练总是无效?

场景　　专注力消失,是很多孩子身上的通病。做事没耐心,常常丢三落四,上课不听讲,写作业马虎,学习时做各种小动作,都让我们担心是不是孩子的专注力太差了。

在孩子小学阶段,最让家长感到头疼的问题绝对是**孩子的专注力**。上课不听讲,写作业拖拉,考试把会做的题做错,往往都由专注力来背锅。可事实真是如此吗?

我在课上经常说一句话:"别培养孩子的专注力了,你别破坏它就行。"很多时候不是孩子专注力不高，而是家长们使错劲儿了。

误区：
没找到真正原因，就开始训练专注力

孩子的学习一出现问题，家长就认为是专注力的"锅"，甚至不惜花重金去给孩子报一些提高专注力的辅导班，事实上，这是家长掉进了"归因错误"的误区。

举个例子，你头疼，去医院看病，医生给你诊断是感冒引起的，那么他就会给你开感冒药来应对你的症状，这种对症下药就是归因。如果你是因为头上长了一个包而头疼，医生还给你开感冒药，那就是归因错误。

到底什么是专注力？实际上，专注力是指一个人调动自己的能力，去专注于做某一件事情，或者一个人专注做某一件事情的能力。专主力包括自己的注意力、抗干扰力、持续的时间长度等因素。

学习或者不学习，是自控力决定的，和专注力无关；而能持续学习多长时间，这个才跟专注力有关。专注力是说，我决定做一件事情的时候，我能够把这件事情做得有多好，它决定的是效率。专注力越高，做一件事情的效率就越高。可如果我根本不想做，没有意志去做，那么就谈不上效率。

养育规则：
病急不要乱投医，抓准病根再行动

很多爸爸妈妈在判定孩子专注力差后，会选择寻求外界的帮助，去报一些能够提高专注力的课外班，试图通过专业的方法帮助孩子调整。更有一些家长会寻求医生的帮助，将孩子专注力差当作一种疾病，反复折腾后，孩子的专注力反而越来越差。

向外寻求帮助也许暂时会对孩子有效，但当孩子回到特定的家庭环境中，回到特定的场景中时，还是会回到原本的习性中，外界的干预远远不及家庭环境来得重要。因此，父母切忌病急乱投医，还是要找准病根。那么，怎么找病根？我经常收到一些家长的咨询：孩子上课听讲总走神怎么办？通常我会问家长一个问题："孩子做他喜欢的事情时也会走神吗？"绝大多数家长都会回答："不是，孩子拼乐高、画画或者打球的时候都很专注。只要是他愿意做的事情，他就很专注。"

你看，这就说明孩子的专注力没问题。做他喜欢的事情，他会主动去调动自己，让自己专注于喜欢做的事情；而像上课听讲、写作业这种他认为无聊的事，他就不会刻意管理自己的专注力。换句话说，其实是孩子的自控力出现了问题。

如果你误判为是专注力的原因，可能就会给孩子增加一些专注力训练，像舒尔特方格这样的视觉追踪训练，一段时间后，你会发现这种方式并没有什么效果。

如果你发现是孩子自控力的原因，这时候你解决了孩子自我管理的问题，就能够有效解决孩子上课不认真听讲的问题。其实，孩子上课听讲走神，有很多原因，可能是他学习意愿不强，根本就不愿意听；或者是没有提前预习，基础知识掌握得不扎实，导致听不懂。你要根据具体情况具体分析。

而说到马虎，我们拿数学考试来举例。很多孩子都是考完试回到家以后发现很多会做的题丢分了，家长就会认为这些题目孩子会做但是做错了，说明他做题不仔细，接着认为孩子考试时不专注，于是苦口婆心地劝说孩子下次考试的时候一定要专心、认真，孩子也非常认同，可下次考试依然重蹈覆辙。

如果你家孩子是这种情况，那有可能不是专注力的问题，而是孩子的计算能力不足。

会做和能够在考场上快速做对之间有什么关系呢？答案是熟练的关系。比如，孩子平时做一道题需要花费 10 分钟，但是考试的时候他需要在 5 分钟内把这道题做出来，如果他做题的熟练度不够，那么肯定是不能完成的，而且会出现大量的错误。那么，怎么提高孩子解题的熟练度？当然是加大练习了。题海战术其实就是在提高孩子解题的熟练度，做熟练了，考试的时候做题的质量才更有保障，才能提高解题能力。

总之，不管是孩子上课不听讲，还是写作业拖延、马虎，都可能不是专注力的问题，不要让专注力来背锅。作为家长，我们要学会找到正确的归因，这样才能够真正地帮助孩子解决问题。

孩子的专注力与年龄、生活环境、学习环境以及父母的养育方式都有很大的关系。希望上面的内容能帮助你打开思路，多了解、观察孩子，从多个方面帮孩子解决成长路上出现的难题。

培养孩子的自主力，要把握三个阶段

场景

　　六年级的小明没写完作业,第二天上学还迟到了,老师问他为什么迟到,他说,因为早上妈妈没有叫他起床。孩子做什么事都没动力,偷工减料地完成,还总找一大堆理由,这是为什么?

　　爱尔兰诗人叶芝曾说过一句话:"教育不是注满一桶水,而是点燃一把火。"意思是指教育要点燃孩子渴求知识的热情,引导孩子主动学习,培养孩子的自主力。自主力也可以叫主动性、自觉性、内驱力（以下统称为"自主力"），指一个人不用外界催促和要求，自主、自发、自动地去做一些事情。孩子拥有自主力，就会用更高的标准来要求自己，例如会主动超额完成任务，相应地，就能获得更多成功的机会。

为了培养孩子的自主力，父母可谓大费周折，有的会采用提醒和督促的方式，希望孩子慢慢意识到学习的重要性；有的则采取奖励措施，只要孩子考好了，就给予丰厚的奖励。我想告诉大家，这两种方式的效果十分有限，甚至会起到反作用。

那么，父母究竟应该怎么做，才能有效培养孩子的自主力？

事实上，自主力的培养分为三个阶段：**他导—自律—自主。**

从第一阶段"他导"到第二阶段"自律"的转变标志是，管理的人发生了改变，由外力管理转变为自我管理。从第二阶段"自律"到第三阶段"自主"的转变标志是，管理驱动发生了变化，由自我管控转变为自我驱动。绝大多数人都只停留在第二阶段"自律"阶段。这三个阶段分别有养育误区和规则，只有真正明白其中的底层逻辑，做好"他导"和"自律"，"自主"才有可能实现。

阶段1：
警惕"他导"变成"人导"

"他导"是指通过他人的教导来达到自我控制。在孩子成长的过程中，第一个阶段一定是"他导"。年幼的孩子，衣食住行和学习交往都是由家长管理完成的，在这个阶段，如何能对孩子进行科学管理，让他成长得更好，关键就在于管理孩子的标准是否科学。

很多家长常犯的一个错误是，把"他导"变成了"人导"。

什么叫"人导"？在家里，假如今天是妈妈管理孩子，那么孩子就参照妈妈的要求去做，到了明天是爸爸管理孩子，那么孩子就按照爸爸的管理方式去做，这就是典型的"人导"。"人导"的特点是，对孩子的管理不是依据一定的规则，而是根据管理者的身份、方式不同而发生变化。

正确的养育规则应该是，在"他导"的这个阶段，整个家庭作为一个整体的单位，要用统一的规则对孩子进行管理。也就是说，不管是爸爸、妈妈还是爷爷、奶奶、姥姥、姥爷管理孩子，态度、具体方式可能会有所变化，但是原则应该是一致的。比如，孩子早上上学，为了不迟到，他要7点起床，那么不管是谁管理孩子，孩子都应该在 7 点起床。

当然，为了保证"他导"的效果，家长在制定规则的时候，要保证规则的有效性、合理性和可执行性。做好这些准备，再严格执行这个规则，对孩子进行有效管理。说到这里，有的家长或许会问，随着孩子年龄慢慢增长，怎么判断孩子是否仍然处在"他导"阶段？有个很简单的判断标准，就是孩子某件事没做好，是否会认为跟自己有关，如果是无关，那他仍然处在"他导"阶段。

比如，一个孩子上学迟到了，这时候老师问他原因，他的回答是"爸爸妈妈没有叫我起床"，这就是典型的处在"他导"阶段中的人的思维方式，他会认为很多事情跟自己无关，而是和管理自己的人有关。

又比如，一个孩子的学习成绩不好，查找原因的时候，不认为是自己学习态度和方法导致的，而认为是爸爸妈妈没有提醒自己复习，那就是"他导"阶段。

有的孩子到了高中乃至进入大学，依然处在"他导"阶段。有一个极端例子，是徐凯文老师分享的，说的是北大一个学生收到一个包裹，三个月都没有打开，导致包裹里的东西都臭了。他之所以没有打开，是因为他认为自己不需要打开它，没有人告诉他要把那个东西打开。这就是一个典型的没有完成"他导"到"自律"转变的孩子。

要避免这类问题，就要进入第二个阶段。

阶段 2：
"自律"不是根据自己的喜好来制定规则

父母要有意识地引导孩子，在合适的时候进行从"他导"到"自律"的转变，一般在孩子小学三四年级就可以开始了；而到了五六年级，上初中之前，孩子就应该完成"自律"的转变，也就是说孩子上了初中之后，就应该能够进行自我管理。

说起"自律"和"他导"的区别，很多家长有个容易忽略的误区，就是简单认为管理的人发生变化了。孩子之前是由别人来管理自己，现在变成由自己来管理自己。这个说法没有问题，但有一个关键点不能忽视，那就是孩子根据什么规则和标准来管理自己。

很多初中生自我管理后，干自己想干的事情，于是沉迷手机，导致学习成绩一落千丈。出现这种情况是因为"自律"的标准是基于自己的喜好来制定的，而不是以当下的客观标准和要求来进行的。在这种情况下，父母应该对孩子进行引导，告诉孩子，"自律"不是单纯的自己想怎么做就怎么做，而是要在一定的规则前提下来进行自我管理。比如，以前是爸爸妈妈早上 7 点叫孩子起床，到了五六年级后，孩子就应该做到自主起床了。他或许想 8 点起床，但 8 点就上课了，会迟到。他只要保证每天早晨 8 点到学校，具体几点起，由自己管理。

阶段 3：
"自主"不是一蹴而就的

　　培养有自主力的孩子，是家长们的终极目标。自主力是指基于自我发展和自我实现等心理需要，孩子渴求不断地完善自己，发挥自身的潜能，实现自己的目标。在"自主"状态下，孩子能够积极主动地投入学习中，有些孩子甚至能达到忘我的状态。

　　还是以起床为例。前面说了，为了上学不迟到，早晨 7 点起床很恰当，但有自驱力的孩子有了更高的要求，给自己定的是 6 点半起床，利用早起的半小时来学习和锻炼身体。孩子对自己有了额外的要求，就是到达了第三个"自主"阶段。如果孩子能坚持在每件事上都对自己提出更高要求，久而久之，就会变得越来越优秀。

培养一个孩子的自主力，一定要经过三个阶段：他导—自律—自主。在"他导"阶段，他人使用规则对孩子进行管理，关键点在于规则要统一，而不能随着管理者变化而调整；"自律"则是孩子使用规则对自己管理；等到了第三个"自主"阶段，则是规则的性质发生了变化，孩子对自己提出了更高的要求。

稻盛和夫说过："你有多大的驱动力，你就愿意为之付诸多少努力。点燃自主力，就能改变你的人生轨迹。"祝福每个孩子都能拥有自主力，主动思考，积极行动，不断提升自己。

如何养出自信的孩子？

　　孩子在学前阶段不喜欢竞争，不愿意参与某些尝试；进入小学后，孩子不想学习，或认为自己学不好。家长很担心孩子一直这样下去会变得自卑和胆怯，失去很多发展机会。

　　我理解这些家长的担忧，但必须强调一下，如果错误理解"自信"的含义，强迫孩子在不擅长的领域盲目尝试，并且给孩子制定不合理的目标，不仅不能增强孩子的自信，反而容易挫伤孩子的信心，让孩子失去尝试的勇气。

什么是自信？简单来说，它就是一种积极的心理状态。积极心理学家马丁·塞利格曼曾说："每个人都有与众不同的性格优势，如果善于在日常生活中运用这些优势，将会最大限度地增进个体的幸福体验。"

这篇文章就来和大家说清楚，如何避免认知误区，科学培养孩子的自信。

误区 1：
孩子没自信，是一种错

先思考一个问题：孩子有自信，就是在任何领域都信任自己的能力吗？

有的家长认为，自信就是自己给自己信心，放在孩子身上，就是孩子要多相信自己。如果孩子经常告诉自己"我可以，我能行"，就叫作自信。并且，自信的孩子在各方面都表现出色，无论是上台唱首歌还是朗诵古诗，或者参与一个新的挑战，都能表现得落落大方，一点也不胆怯。

所以，当家长看到自己的孩子明明上台唱歌表现得很好，却不愿意接受新挑战，而是选择后退，就会认为是孩子"错了"。这样的家长通常会通过两种方式来激发孩子的自信：

一是不断鼓励孩子："你要给自己打气，你要相信自己。"

二是责怪孩子，并贴上标签："这个孩子不自信，太胆小，以后没出息。"

这样做会带来什么后果呢？

第一种做法，家长一直鼓励孩子，看似是为了孩子好，实际上会让孩子变得盲目自信，也就是我们说的"自大"。孩子会认为，无论别人怎么说，也不管事实是什么，只要我觉得自己行，我就一定行。这样会让孩子无法准确评估新挑战的难度，也不能准确认识自己的实际能力。

第二种做法，家长贴的负面标签就等于在否定孩子。听到家长说自己胆小、没出息，孩子就会对参与挑战这件事产生抵触心理。以后无论遇到多少挑战，都不愿意参与，并且家长会由此进一步认定，这个孩子就是不自信，从而形成恶性循环。

记得在一次咨询中，有位家长问我："我的孩子现在上小学二年级，做什么都没自信，作业写不好，考试考不好，就连足球都不敢和别人踢，我该如何培养他的自信心？"从家长的描述中，我可以明显感到，他带着责怪的心理，认为孩子没有自信心，是孩子犯的一个错误，而他要做的就是"纠正错误"，强行把孩子从不自信的状态修正到自信状态。其实，这是万万不可的。

小学阶段对孩子自信的培养尤为重要，相信不少家长听说过"埃里克森八阶段理论"。

阶段	年龄	冲突	人格发现任务	发展障碍者的心理特征	发展成功者的品质特征
婴儿期	18个月前	基本的信任感对基本的不信任感	发展信任感，克服不信任感	面对新环境时会焦虑不安	希望
儿童早期	18个月~3岁	自主对羞怯与怀疑	培养自主感，克服羞怯与怀疑	缺乏自信心，行动畏首畏尾	意志力
学前期	3岁~6/7岁	主动对内疚	培养主动感，克服内疚感	畏惧退缩，缺少自我价值感	方向和目的
学龄期	6/7岁~12岁	勤奋对自卑感	培养勤奋感，克服自卑感	缺乏生活基本能力，充满失败感	能力
青年期	12岁~18岁	同一性对角色混乱	建立同一性，防止角色混乱	生活无目的，无方向感，时而感到彷徨迷失	忠诚
成年早期	18岁~30岁	亲密对孤独	发展亲密感，避免孤独感	与社会疏离时感到寂寞孤独	爱
成年中期	30岁~60岁	繁殖感对停滞感	获得繁殖感，避免停滞感	不关心别人与社会，缺少生活意义	关心
成年晚期	60岁以上	完善对绝望	获得完善感，避免绝望与沮丧	悔恨旧事，徒呼负负	智慧

著名的美国心理学家埃里克森认为，人格发展是一个逐渐形成的过程，他把人的一生划分为八个阶段，每个阶段的发展任务不同，需要解决的危机、完成任务的具体教育方法不同，但都是紧密相连的。积极而合理地解决每个阶段的危机，有助于发展健全的人格，反之，就会形成消极的人格特征，导致人格向不健全的方向发展。

从这个理论我们可以看出，小学阶段的孩子，要着重培养勤奋感，克服自卑感。可以简单理解为，小学阶段是培养自信的黄金时期。家长在这个阶段应该给孩子提供哪些帮助呢？

养育规则：

找准赛道和评价系统，唤醒孩子的自我驱动

首先，家长要科学理解"自信"的含义。美国心理学家阿尔伯特·班杜拉在社会学习理论中提出了一个概念——自我效能，和我们所说的"自信"特别像，指的是个体对自己能够成功应对特定情境的能力的估价。在这里我们要注意两个重点：**应对特定情境、估价**。换句话说，一个人的自信是他对自己的一种评估，这个评估一定是针对某个特定情境所展现出来的能力，而不是所有情境。

什么是特定情境？举个例子，你现在让我学习英语，那么我可能不自信，但是如果你现在让我去唱一首歌，我就会很自信。

在不同的情境和不同的要求下，每个人都会对自己的能力进行一个评估，以此表现出不同的状态。自我效能高的人，表现出来的是：愿意接受挑战，拥有较强意志力，一般会有更高的成绩；自我效能低的人则表现为：避免挑战，容易放弃任务，一般会有较低的成绩。

达成这个共识之后，我们再接着看，孩子的自信究竟是自己给自己的，还是外界给予的？

真正的自信应该是自我唤醒，而不是外界强迫，它应该是在充分了解自我的前提下，通过外界的不断反馈，从而让自己面对周围环境、探索世界时都充满信心。

想要让孩子拥有良好的积极心态，作为"外界"元素之一**的父母就要多进行正面引导，让孩子多体验正向反馈。正向反馈是对孩子的祝福，那么负向反馈就是诅咒。**

就好像你精心准备了一顿美味的晚餐，自己提前尝了尝味道，觉得还不错，这个时候你的心理状态是相对自信的。然后你请了 10 位朋友来品尝，每个人给到的反馈都是——不好吃，太难吃了，你还会自我感觉良好吗？大概率不会。因为你受到了外界评价的影响，然后对自己产生了新的评价和认知。

在这个过程中，父母不能只在口头上给孩子鼓励和打气，而是要选择一套科学的评价体系来看待孩子。

何为评价体系？简单来说，就是我们衡量某个人或某件事的标准。例如，有的家长看到一个小男孩，就会习惯性认为"小男孩就应该是勇敢的，是活泼的"，在这个评价体系里，他会认为，勇敢的男孩才是一个好男孩，一旦发现自己家的孩子不够勇敢，不敢挑战高空项目，或者害怕小虫子，总之不是他期待的那种勇敢的孩子，家长就会评价孩子"不是一个好男孩"。那么在这种情况下，孩子又如何能产生自信呢？这个评价体系其实就是不科学的。科学的评价体系应该是与自我认知对等的。

有一个大家耳熟能详的故事，叫龟兔赛跑。我们来拆解并代入一下这个故事：如果你的孩子是兔子，你会告诉他："你看你虽然跑得快，但如果你中途睡觉，或者粗心大意，极有可能会输。所以，你不能放松警惕，即使能力强，也需要不断坚持、不断努力，才能是最终赢家。"这样听起来似乎完全没问题，对吗?

可你有没有想过,不可能所有的孩子都是兔子,假如你的孩子是乌龟呢?如果"乌龟"听了你的鼓励,他会怎么去理解?他内心会想:我是一只乌龟,虽然我跑得慢,但是只要我不断地努力,只要我不断地朝着前方前进,就一定能赢。

那么最大的问题来了,这场比赛,乌龟赢的可能性在于兔子中途睡觉,但你怎么保证兔子百分百会睡觉?除非人为地让兔子中途睡觉。如果你按照故事的情境来引导孩子,他的心理状态就是"兔子肯定跑不完,他中途肯定会睡觉",这样会误导孩子把希望完全寄托在一个能力强的人必定失误上面,这本身就是个误区。

所以,如果评价体系、评价标准和孩子的能力水平不对等,你就很难帮孩子建立真正的自信。比如,自信的评判标准就是学习成绩好,那一个班里学习成绩好的孩子只有 10%,剩下的孩子就都没有自信了吗?显然不应该是这样的,正确的方式是:**找准赛道和评价系统,唤醒孩子的自我驱动。**

首先,要找到适合自己的赛道。这是建立孩子自信最重要的一步,就好比你的孩子是乌龟,如果你真的要让他跟兔子比赛,那就不要比跑步速度,可以比比防御能力,又或者比比游泳。

其次，**要帮助孩子找到适合的评价参照物。**家长让孩子建立的应该是"跟自己比"的概念。如果你时刻都想着让你的孩子跟别人去竞争，那他可能时常会有挫败感。

最后，允许并接受孩子普通，无须要求孩子必须完美。有时候，越追求完美越不完美。也不需要时时刻刻把孩子的成绩、表现、行为和孩子的自尊挂钩，比如，"你考的这破分，我都不好意思出门"。多夸奖，多肯定，让孩子从小多多体验快乐、明朗、成功的正面经历，尽量避免负面的体验和评价。

还有一点特别值得注意，**孩子小的时候，家庭是最强评价系统。**因为家长是孩子成长过程中最重要的评价个体，如果家人总是给予孩子负面评价，比如，这也不好那也不好，"学得慢""又笨又胆小"，这些评价就会成为毁掉孩子自信最有力的武器。随着年龄增长，评价体系也在不断扩大，会从家长扩展到老师、同学、恋人等。当扩大到这个范围时，外界的评价系统是不可控的，所以家长要做的不仅是给予正向反馈，同时也要教会孩子如何对待负向反馈。

比如，要告诉孩子，当别人说你胆怯，你要告诉他，我不是怕，我是在仔细观察；别人说你笨，你要告诉他，我不是笨，我只是想考虑得更周全。只有这样，才会帮助孩子逐步建立真正的自信。

如果你能跳出以上误区并能做到这几点，孩子就会朝着自信、阳光、积极、明朗的方向发展。

误区 2：
目标设置与实际能力不对等

除了认知层面，另外一个误区常常发生在具体执行方面：给孩子设立目标时，家长不考虑孩子的实际能力。

有的家长为了让孩子变得优秀，积累自信，会给孩子制定很多目标，以此激励孩子不断突破自己。比如，考试达到班级第一、一分钟跳绳 300 个，等等。如果孩子没做到，家长就忍不住批评孩子，觉得孩子没有付出足够的努力，孩子也会觉得特别委屈。

还有的家长做法则相反，他们认为，孩子只有不断积累成功的感觉，才能变得有自信。所以，他们就给孩子制定很低的目标，比如让一个四年级的孩子做三年级、二年级的题，孩子发现这些题目很容易，在做题过程中可能确实很有自信，但是对他来说没有任何挑战，对他成长也没有任何意义。

养育规则：

不盲目评判孩子，培养孩子的胜任感

　　这里要给大家分享一个概念——**胜任感**，胜任感是自我效能里面的一个说法，就是一个人觉得自己可以做成一件事情。而要拥有胜任感，关键在于目标和能力之间的匹配度。

　　我们在给孩子设定目标的时候，一定要了解目标和孩子能力之间的关系，不给孩子设置过高或过低的目标。目标和能力越接近，越容易提高孩子的自信心。

　　当目标定得准确，让孩子能够跳一跳，或者踮起脚可以够到时，对孩子来说是最有利于培养自信的。

　　比如，孩子之前考试在班里排到第 30 名，那么你对他提出要求，下一次考试达到班里第 25 名或者第 20 名，这是你基于孩子的能力能够达到的范围来提出的，只要孩子努力，就很容易实现。

　　另外，设定目标的同时也要做好预案。如果孩子没有实现某个目标，父母千万不能失控批评孩子，把失败原因都推到孩子身上，认为孩子要负全部责任，这样很容易让孩子陷入一种无力感中，从而变得更加自卑。正确的做法是家长能够冷静理智地带孩子分析，为什么没有能够实现目标，接下来应该或调整目标或调整方法。

我女儿上二年级时，有一次她语文没考好，回到家以后，我和她说的第一句就是"没关系，不怪你"。她马上问我"为什么"，我告诉她："因为你每天在做的语文学习任务，是爸爸给你提出的要求，而你每天也按照爸爸的要求去做了，在这种情况下你没考好，这个责任由爸爸来承担。"

我这样做，是出于保护孩子自信心的考虑。对于孩子来说，她已经很好地完成了爸爸要求的任务，我把考试没有考好的责任揽到自己身上，目的是让孩子不会对自己的能力产生怀疑。她只会认为，"因为我完成了爸爸要求的任务，而爸爸的要求和考试要求可能不太一样，所以我的分数才不理想"。

接下来，我就带着孩子分析，该怎么做才能提高语文成绩。**我的做法是把对她学习任务的要求调整到更侧重于提高考试分数上**，女儿也乐意接受。在下一次考试的时候，成绩自然就理想了很多，而孩子就会通过这样的一个过程建立自信。

回顾一下，当我们帮孩子建立自信心的时候，有两点要注意：

一是我们要给孩子建立一套科学的评价体系，懂得扬长避短，唤醒孩子的自我驱动。

二是当我们给孩子设定目标的时候，要充分了解目标和孩子能力之间的关系，当孩子没有实现目标时，要冷静、理智地和孩子一起分析没有实现目标的原因。

作为家长，只有对自信建立正确的认知，在执行中规避错误做法，才能有意识、有目标地去培养孩子积极自信的人格。相信长此以往，孩子一定能越来越有自信，活出精彩人生。

掌握抗逆力的认知误区，孩子受益一生

孩子不敢跟人打招呼，搭不成积木就不玩了，遇到困难就退缩，这时候，你不断地指责孩子："你怎么这么胆小？""你怎么这么不能坚持？""你怎么这么脆弱？"孩子抗压能力越来越小，家长焦虑感越来越强。该怎么解决？

你是不是也曾认为，孩子拥有强大的抗逆力，才能更有勇气面对各种挑战，变得更加优秀和成熟？因此，每当孩子流露出想要逃避挑战或害怕困难的情绪时，你就会很焦虑，忍不住强迫孩子，从而忽略了孩子的感受。

作为家长，我理解你的想法，但必须提醒一下，孩子某次不想面对困难，并不代表他就是抗逆力差。如果家长因此给孩子贴上负面标签，或给孩子施加很大的压力，反而会降低孩子的抗逆力。

这一节我们就来重点讨论一下关于抗逆力的那些认知误区。

误区 1：
把孩子趋利避害的本能等同于抗逆力差

一个真正有抗逆力的孩子，就是面对任何困难都不害怕，面对任何选择都不放弃吗？

比如：孩子虽然害怕上幼儿园，但也会勇敢迈出那一步，笑着走进学校；孩子选择了某个兴趣班，无论遇到多少挑战，都能坚持下去，而不是学一段时间就不想学了。这是不是就是你想看到的呢？

为了培养孩子的抗逆力，很多家长会想方设法地锻炼孩子和鼓励孩子，即使孩子不情愿，也不允许他们放弃，否则就是在纵容孩子，以后碰到了问题就会选择逃避。

我跟大家举个例子。一位妈妈曾经告诉我，她的女儿在上高中，第二天要考化学。在她看来，孩子从小到大参加的考试有无数次，这次考试也没什么大不了的。谁知道女儿突然和她说："妈妈，我不想去学校了。"这位妈妈觉得很奇怪，连忙问女儿原因，女儿说："对于明天的化学考试，我什么都没有准备，如果我去学校考试，成绩肯定很差。而我们班会把所有的考试成绩都贴出来，我不想让自己很差的成绩被贴出来，所以我想问问您，能不能明天帮我请个假，我不去学校了。但我向您保证，我下次一定会提前准备，不会出现这样的情况。"

这位妈妈说，她十分发愁，不知道该不该同意孩子的要求。当时直播间有很多家长，大部分人都劝这位妈妈不应该同意。孩子就是要勇敢面对才能有抗逆力，如果选择了逃避，就会失去锻炼和成长的机会。

这样做，看起来没有问题，但是他们忽略了一个情况，就是这个女儿给出了后面的承诺，并不是没有抗逆力，如果强制要求女儿，反而会激发对方情绪反弹和后面的破罐子破摔。

养育规则：
尊重孩子的本能，保护孩子天然的选择

那么，我给出的意见是什么？我和这位妈妈说，她女儿并不缺乏抗逆力。抗逆力指的是当我们失败之后，我们接受失败的能力。她的女儿主动选择了避免失败，这是一种趋利避害的本能，而不是缺乏抗逆力。

首先，她做了一个很明确的预判：我知道我这次没有复习好，所以我不想去参加考试。父母看起来会觉得孩子是在回避，但是孩子已经知道结果了，这是她对自己的一个正确认知。

其次，她知道结果的时候，选择了一种保护自己的方式：我知道我这次考试考不好，而我又不想让大家看到这个成绩，那么我想保护自己，我保护自己的方式是我明天不去学校。

自我保护是每个人的本能。所以，我们不要随便给孩子贴标签，说他们在逃避，而是要理解他们的自我保护。举个例子，我不了解财务知识，但我们单位组织财务比赛，我肯定不去，因为这是自我保护。我跑步也不行，所以我也不去参加跑步比赛。作为成年人来说，我们都有选择的机会，由此避免了这些会让自己难堪和失败的事情，我们在生活中遵循的就是趋利避

害的原则。所以，我们也要理解，孩子趋利避害的选择没有任何问题。

最后，这个孩子还有一点特别可贵，就是她在自我保护的同时，也对自己的未来做出了一个承诺：如果你这次同意的话，那么我之后会好好学习，避免自己再出现这种情况。她不是说她每次考试都不去了，而是之后会做好准备。这是一种很积极的思考模式。如果父母一开始就拒绝孩子的请求，并给孩子贴上不敢面对事实的标签，那么孩子很可能就再没有这种积极的思考模式了。

误区 2：
借助"加压"，让孩子面对"低压"

还有一个"雷区"非常不利于孩子的健康成长，孩子遇到很大的压力时，表现出害怕和逃避，家长不会给予安慰和理解，而是会给孩子施加更大的压力，以此来让孩子做选择，"逼迫"孩子选择面对较小的压力。

举个例子，家长让孩子去练钢琴，孩子说他不想练了，家长就会非常严厉地说"不行，你必须练"。孩子就去练了，看起来是孩子坚持去面对弹钢琴这件事情了，但实际上，孩子是因为更害怕面对发怒的家长。换句话说，孩子在内心对家长给自己带来的压力和练钢琴的痛苦进行了比较，选择了相对来说压力更小一点的弹钢琴。

这个做法会给孩子带来什么影响呢？孩子既不明白坚持弹钢琴这件事的意义，原有的情绪也没有得到疏导，只是在内心里隐藏起来了。

家长通过施加另外一种更大的压力，来让孩子做比较，看起来好像让孩子学会了坚持，提高了抗逆力，但是孩子并没有真的学会面对挫折，也不知道自己遇到困难的时候究竟该怎么办。

> **养育规则：**
>
> **接纳失败，用成长型思维挑战失败**

那么，应该怎样正确地培养孩子的抗逆力？答案很简单，第一，发自内心地接纳孩子，引导孩子接纳失败，给孩子足够的安全感；第二，培养孩子的成长型思维，释放孩子的内在潜能，帮助孩子挑战失败。

首先，我来谈谈家长对孩子的接纳。不管孩子是成功还是失败，我们都要接纳他，而不是当他成功了就表扬、失败了就批评。有的孩子特别爱哭，遇到困难会哭，考试不顺利也会哭，家长要做的就是接纳孩子，因为那是孩子表达情绪的方式，也属于抗逆力的一部分，孩子哭完了以后，可以继续去面对。

当孩子意识到，不管我做了什么事情，总是会有人爱我，总是会有人来接纳我、理解我、支持我，那么当他碰到任何困难，他自然就会有很多信心。由此，当他遇到挫折，遭遇失败之后，就能够泰然处之，增强抗逆力。

其次，我来谈谈培养孩子的成长型思维。有成长型思维的孩子在碰到困难的时候，他的思维方式是积极的，他会认为可以通过自身的改变去战胜困难。他会思考，"我再坚持一下，肯定能比现在做得更好""我在失败的经验中学到了什么"……

有成长型思维的孩子，在遇到困难、失败、绝望的时候，通常会努力、坚持、专注，坦然接受这些困难、失败、绝望，勇于接受挑战，继续往前走。

平时我们怎么帮助孩子养成成长型思维呢？

斯坦福大学心理学家卡罗尔·德韦克教授做过一个很有影响力的 TED 演讲，题目叫"The Power of Yet"（暂未通过的力量）。

芝加哥一所高中把在某项测试中不合格的学生成绩标记为"暂未通过"，而不是"不通过"，正是这一个小小的改变，鼓舞了孩子们，让他们觉得"只是暂时没有通过，只要努力，还可以通过"。"暂未通过的力量"指在遇到困难和挫折时，符合成长性思维的"yet"带来的心理暗示非常强大。运用"yet"这个词，家长会更倾向于关注自己孩子做了哪些努力，也让孩子懂得学习是随着时间而变化的，而当前的挫折和失败只是学习曲线中一个正常的现象而已。

另外还有一些比较好用的方法，比如，家长鼓励孩子多进行积极的自我对话，多称赞孩子，孩子多给自己积极的心理暗示，等等。

总而言之，当我们培养孩子的抗逆力的时候，首先要尊重孩子趋利避害的本能，不要看到孩子逃避困难，就给他们贴标签，认为他们不够勇敢。我们要真心接纳孩子的感受，给孩子充分的安全感；要培养孩子的成长型思维，鼓励孩子敢于接受挑战，教孩子正确面对各种失败和挫折。

相信长此以往，孩子一定会拥有抗逆力，勇敢面对人生。

跳出限制孩子独立思考的怪圈

场景

孩子没主见，做事常常被动、退缩，不会去思考和提要求，别人说什么就是什么，不敢反抗，不会争辩。这是典型的缺乏独立思考能力的表现。

爱因斯坦说过："独立思考和独立判断的能力，应当始终放在首位。"如果孩子在上小学前就掌握了这个能力，那么就能自主安排学习和生活，不被他人声音所干扰，朝着目标稳步前进。

遗憾的是，很多孩子上小学之后，因为缺乏独立思考能力，做任何事都缺乏动力，需要被催促。很多孩子到了初中、高中甚至大学毕业，依然没有目标感和方向感，做事情仿佛都是迫于家长或外界的要求，而不是出于自己的热爱。

一个没有独立思考能力的孩子，不了解学习的重要性，不明白目标的必要性，就不会有内驱力，继而表现出随波逐流、懒散拖延的特点。那么，如何培养孩子的独立思考能力？家长一定要避开下面这个误区。

误区：
习惯性否定孩子的思考结果

关于独立思考，有一个常见误区：很多家长看似给了孩子思考空间，但只要孩子的想法和自己的不一致，就会否定。

比如，孩子想买玩具，妈妈说让孩子自己选择，孩子选了自己喜欢的奥特曼和乐高，结果妈妈说，家里类似的玩具已经太多了，然后建议孩子买七巧板，因为这个玩具对学习有帮助。

大家发现了吗，妈妈看似让孩子自己做主，实际上早已有了自己想要的结果。孩子在这个过程中的感受是，自己的想法不重要，妈妈的感受和想法才重要。久而久之，孩子就会放弃自我思考。如果说孩子还在思考，他只会思考一件事情，那就是：妈妈想让我回答什么，妈妈想要的结果就是我的思考。

日常生活中，如果你去问一二年级的小朋友，你为什么要学习？这些小朋友的回答基本上是千篇一律的，因为他们一直以来被灌输的就是这样的答案。重复大人的想法，能让他们被肯定，从中感受到快乐。这种重复，只是一种模仿，孩子在其中是没有被引导和允许可以自我思考的。

养育规则：

尊重孩子的思考，给予正向反馈

孩子在成长的过程中会经历两个阶段，第一阶段是模仿他人行为，第二阶段是根据自我思考来行动。以孩子学说话为例，孩子刚开始是从简单的模仿来学发音，慢慢地形成自己的意识后，就会表达自己的观点。

家长如何做，才能帮助孩子从模仿顺利过渡到自我思考？那就是要给孩子广泛的选择空间，并尊重孩子的选择，让孩子得到正向反馈。

举个例子，如果孩子想吃米饭，家长可以问问他想法背后的原因，鼓励孩子表达出来。当孩子做出选择后，我们要尊重孩子的选择，因为这个选择背后代表的就是孩子的思考。如果孩子看到自己的思考被尊重了，得到了家长的正向反馈，他就会明白自己的思考是有用的，从此之后会愿意勤思考。反之，如果孩子的想法总是被家长否定，久而久之，他们就觉得思考了也没用，不愿意花时间去思考。

在孩子思考的过程中，家长要不断地和孩子进行启发式的交流，多问孩子"为什么"。比如，当孩子说他不想学舞蹈了，家长可以问问孩子"为什么不想学"，孩子可能会说"太累了"，家长就可以继续启发式地问孩子"你觉得这个很累，其他的事情也会很累，怎么办呢"，孩子会说"其他的事情没有那么累"，这时家长就要继续问"你觉得其他的事情会有什么更好玩的地方"，孩子就会说出自己的想法，从而学会自己思考和判断。

这个方法类似于心理咨询师的提问方式，咨询师引导咨询者说出更多的想法，从而让咨询者更清晰地了解自己，家长在培养孩子独立思考的时候，可以学习借鉴这种谈话方式。

长期坚持练习，就能慢慢培养孩子的思考能力。就像孩子写作文一样，刚开始是模仿优秀范文，但到了高年级，得到高分的作文一定是能够表达自己独立思想的作品。从长远角度来看，有独立思考能力的孩子未来会更具竞争力。

把握两个关键，有效培养孩子的社交力

场景

"走开，我们不想跟你玩！"孩子在学校总是被孤立，和同学间的矛盾频频发生；明明很外向开朗的孩子，却总是交不到好朋友；内向沉稳的孩子，常遭受欺负和不公平对待……到底该如何培养孩子的社交力？

孩子的世界再小，也有自己的小圈子。不想让孩子在学校没朋友、不合群、被欺负，那么父母一定要弄清以下两个关于社交力的误区，帮助孩子交到优质的好朋友。

误区 1：
忽视社交力的重要性

关于社交力，有一件特别容易被家长忽略的事情——对孩子社交力的培养。很多家长认为孩子还小，不用着急社交。有的孩子没什么朋友，家长认为无所谓，等孩子长大了自然就能交到朋友。其实，家长的这种不重视，或者一些错误的引导，往往是孩子社交力亮红灯的重要原因之一。

人是具有社会属性的，本身有交朋友的需求和能力，尤其在学前阶段，培养孩子的社交能力非常重要，这种重要性体现在多方面，每一个方面都影响着孩子的未来。

> **养育规则：**
>
> **社交力的重要性体现在三个方面**

1. 社交力是孩子心理健康的折射。

近年来，儿童心理健康问题频发，据《中国国民心理健康发展报告（2019—2020）》显示，小学生抑郁症检出率已到达约 10%，初中生接近 30%，高中生接近 40%，多么扎心的一组数据。很多家长非常着急，希望能及时发现孩子的异常，并进行干预，但是心理健康没有特别精准的衡量标准，不像身体其他的问题能通过检查得出结论。往往当我们发现孩子的心理出现问题时，多半已经是很严重的情况了，比如焦虑症、抑郁症。

孩子的心理是否健康，其中一个很重要的衡量指标就是孩子的社交能力。通常来说，孩子的社交能力越强、朋友越多，心理健康指数往往越高。

当孩子朋友多交际广时，遇到事情有朋友可以倾诉，能及时释放负面情绪和排解压力。当然，这并不是因果关系——因为孩子朋友多，所以心理就健康——而是有一种相关性。

在心理治疗中，如果一个人心里有很多话想说，但不方便告诉老师和家长时，咨询师会建议他找一个树洞，对着树洞说出堆积在心里的话，这样他就感觉被治愈了。

朋友的重要性，就类似树洞，对孩子来说，他们信任朋友，和朋友之间有情感联系，遇到事情了就会主动找朋友倾诉。所以，一个擅长社交的孩子，心理通常是健康的。

2. 社交力是孩子适应能力的辅助。

人类是有社会属性的，孩子在成长的不同阶段，会融入不同群体，幼儿园、小学、初中、高中、大学，包括将来的工作阶段，要跟不同的人打交道。如果孩子社交力不强，适应性就会相对较差，很难融入新环境。反之，如果孩子擅长社交，相对就会轻松一些。

就拿上学这件事来说，如果孩子抗拒上学，甚至排斥学校和老师，家长会怀疑孩子是不是厌学了。其实去学校并不意味着只有学习，还有很多其他事情可以做，比如和同学玩耍、和老师交流等，孩子不愿意去学校，可能是因为他与学校、老师、同学的关系出现了问题。这一点是家长特别容易忽视的。

3. 社交力强的孩子不容易沉溺于虚拟世界。

很多家长说孩子有依赖手机和沉迷于虚拟世界的现象，不知道怎么办。我提醒他们，可以观察孩子社交力的表现。如果孩子在现实中的朋友很少，就会倾向于在虚拟世界交朋友，从而沉迷其中，无法自拔。

家长要做的，就是帮助孩子在现实生活里，用真实的自己来交朋友。

以上，是社交力对于孩子成长的重要性，接下来看看，在培养孩子社交力方面，家长需要避坑的是什么，又能给孩子提供哪些帮助。

误区 2：
错误的社交引导，让孩子"交友无助"

很多家长希望通过好的方法来帮助孩子提升社交能力，可往往会出现越帮越忙的现象，原因在于，在这个过程中，家长往往会用自己的思维方式给孩子一些错误的社交引导，在没有深入了解孩子的个性和交友习惯的前提下，要求孩子用一种简单而统一的方式去建立自己的社交圈。

比如，有的家长本身比较强势，就会引导孩子强势一些；如果家长自身比较弱势，就会无意中引导孩子处处谦让。还有的家长经常有一些口头禅："他欺负你，你为什么不欺负他？""他打你，你就打回去。""他对你好，你也对他好。"……

又或者，只允许孩子和比自己优秀的孩子玩，经常告诉孩子"不许跟比你差的人玩"。如果大家都只和比自己优秀的人交朋友，那最终的结果只能是大家都没有朋友，因为没有人会和比自己差的人玩。

面对比较强势、复杂的社交环境时，很多家长教给孩子保护自己的方式，就是让孩子变得比别人强大。家长让孩子去练跆拳道、武术，认为这样当孩子被欺负时可以打回去，从而更好地保护自己。想要更好地保护自己的想法没有错，但是保护自己的方式并不是单纯增加自己的武力值，当孩子同时遇到好几个比自己更强大的孩子时，他的武力值不够，也是无法保护自己的。所以，这个是非常极端的自我保护方式，你不可能比所有人都强大。

这些做法背后的逻辑是家长把社交看得过于简单，却忽略了一个实际情况：每个孩子的个性是不同的，孩子的社交情况有时也比较复杂，不能一概而论。

养育规则：

因人制宜，提高社交宽容度

对于不同性格、有着不同社交模式的孩子来说，家长要遵守两个养育规则：

1. 因人制宜，充分了解孩子。

多去了解自己的孩子，而不是一味要求孩子按照自己的思路去交朋友。孩子性格不同，社交方式就不同。很多家长担心内向的孩子交不到朋友，这其实是一个认知误区。性格外向还是内向，不能用"好或坏""对或错"去评判。对于外向孩子来说，他们的社交特点是广度大、强度低，当他们面对一群陌生人时，更容易表现自如，而且外向的孩子，大多数有挺多关系不错的朋友，但是没有特别好的。而内向的孩子可能就那么一两个好朋友，但是关系非常紧密、稳定。天性内向腼腆的孩子，在社交方面通常很难迈出第一步，如果家长只是在旁边着急和指责，反而会给孩子带来压力和阻碍。所以，家长首先要意识到这一点，不盲目给孩子提要求，就能够减少孩子的社交焦虑。

2. 提高对孩子的社交宽容度。

社交宽容度，顾名思义，就是要允许孩子在社交体系里处于任何一种地位。不少家长总是希望自己的孩子能处于"领头羊"的位置，或是担任强势的角色，一旦孩子处于弱势，家长会立刻把负面情绪转嫁到孩子身上。要知道，孩子之间发生冲突的情况在所难免，当自己的孩子被打了，绝大部分家长都会教孩子："你按照我的方法打回去，他就不敢再欺负你了，不然你下次还要挨打。"这种方式并不能解决问题。

有一个三年级的女孩，在学校被另一个女孩欺负了，被欺负女孩的妈妈初步了解情况后非常生气，认为自己孩子被欺负了，于是就教给自己的孩子："你要反抗，你要还回去。"然而孩子没有那么做。这样的剧情重复上演两三次以后，这位妈妈就转身开始责怪自己的孩子："你怎么这么窝囊，别人欺负你，你不会打回去吗？活该你被欺负。"在这位妈妈看来，"打回去"是孩子自我保护的方式，如果孩子不打回去，那就是吃亏了，就是胆小和没有勇气。但实际情况却是80%的孩子都做不到打回去。孩子或许是害怕把别人打伤了，或许是害怕引起更大冲突，或许并不觉得自己被欺负了。而家长一直让孩子打回去，只要孩子没做到就感觉心疼、生气或怒其不争，这种态度反而会给孩子带来更大的伤害。

正确的做法是，家长要提高对孩子的社交宽容度，允许孩子处于弱势，并且不要把自己的情绪转移到孩子身上。一旦孩子没满足自己的要求，没按照自己的建议做，就对孩子进行批评、指责、贴标签，这是不对的。家长首先要做的，是了解孩子的真实想法，教孩子用自己的方式去保护自己。

我有一位朋友的做法特别好。他女儿个子虽然很高，但性格内向、善良，也有一些胆小，不愿意跟别人发生肢体冲突。上学的时候，一二年级时，有男孩欺负他女儿，他是这么教孩子的："如果有人欺负你，你就哭，不用真的伤心，就是假哭，你哭的声音越大越好，用这种方式把老师和同学吸引过来，这种方式可以制止对方继续欺负你。但如果周围没有老师和同学，你不要哭，因为哭了没有用，你就跑。"

这个方式特别好，父亲充分了解孩子的个性，知道她绝对不可能打回去，用"假哭"或"跑开"的方式最适合她。

作为家长，我们爱护孩子没有错，但一定要教孩子使用适合他们个性的方法，才能达到预期的效果。

有时候要打回去，有时候要跑、哭或者暂时妥协，家长要根据自己孩子的特点，告诉孩子，在不同的时候采用不同的应对措施，这才是正确保护自己的方式。

守护孩子绿色健康的"社交圈"，离不开父母的悉心引导和规则参与，既不能操之过急，也不能不闻不问。重要的是，在这个过程中，让孩子了解社交在人生中的积极作用，学会与人合作、交往、分享，最终让孩子不走弯路，也能交到温暖的好朋友。

如何培养孩子的责任心？

场景

　　有的孩子一回家就主动先写作业，完成之后再做其他事情；有的孩子一到写作业时就拖拖拉拉，借口一大堆。之所以差别这么大，根本原因是每个孩子的责任感不同。而家长往往会在专注力、目标感上找原因，导致后果比孩子最初的"毛病"还严重。

　　当孩子上了初中、高中后，很多家长开始发愁，觉得自己的孩子学习不上进，不知道自己将来要干什么，于是就找到我，问我能不能帮助他们的孩子建立一些目标感。还有的家长说："侯老师，你能不能给我的孩子讲讲那些好大学，让孩子对未来产生一些好的期待？"

我们不妨思考一下，一个人有目标感的前提是什么？什么样的人才会拥有很强的目标感？实际上孩子没有目标，并不是因为对自己的未来没有规划，而是因为他并不想对自己负责，是责任感缺失的体现。

误区：
执着帮助孩子树立目标感，而忽略责任感

近年来，逐渐低龄化的生涯规划领域备受瞩目。之前我们接触的生涯规划大多是从大学时期开始的，后来随着教育环境的改变，社会逐渐要求孩子在高中就要对自己未来有一个清晰的规划，而现在包括初中、小学甚至学龄前都有很多专门为孩子开设的"职业体验馆"，让孩子去体验不同的职业，比如警察、医生、厨师等，这实际上就是生涯规划。为什么生涯规划在不断地往低龄段发展？其实这是抓住了大部分家长的一种心态，家长们希望孩子能从小树立职业目标，对自己的未来有很

好的方向感。

但是家长们忽略了一个问题，一个孩子是否具备目标感，其重要前提是责任感，所以你会发现，当我们执着于帮助孩子树立目标感，而忽略培养责任感时，并没有实际效果。

什么是责任感？简单来说，就是"这件事是我负责的，我要承担责任，需要我主动想办法去做，一旦做不好，我是要承担这个后果的"。绝大多数孩子到了初中、高中之后，表现出来的无目标感或目标感混乱，对未来没有任何想法，都是因为他们并不认为人生是由自己负责的。

这些行为特点也是由之前的教养方式造成的，也就是孩子在成长的过程中，家长并没有引导孩子培养良好的责任意识。

> **养育规则：**
>
> **把选择权交给孩子，尊重孩子的选择**

责任感究竟应该怎么培养？回想一下，在孩子小时候，有哪些事情是他们真的有决定权的？作为家长，我们一直在跟孩子说你要听大人的话，因为听话的孩子一定是家长喜欢的，听话也是我们对好孩子的一种标榜。细想一下，听话到底是什么？

就是"要把我的行为的决定权交给别人,你让我怎么做我就怎么做,我的行为完全取决于你的要求,但我实际上是不对自己的行为负责的"。孩子听家长的话,每天去上学,每天回来写作业,这些事情都是家长对他的要求,所以孩子实际上只对听话这件事负责。

在这种模式下成长起来的孩子,到了初中、高中之后,他的思想、人格独立之后,却依然不明白自己究竟应该对什么事情负责,自己的人生究竟应该由谁说了算,自己怎么去过好这一生。

家长在孩子成长的过程中,一定要对孩子遇到的事情进行选择权的区分。怎么区分?比如要不要上学这件事,肯定是家长说了算。孩子小时候说他不想去上学,那肯定不行,孩子还不具备自己做主的能力,对于上不上学这件事孩子是没有选择权的。那在其他方面,我们要有意识地培养孩子的责任感,比如对于兴趣班的选择,就可以让孩子说了算,让孩子有机会为自己的选择承担后果。

有一次,我老婆和大女儿坐飞机回姥姥家,因为天气不好,飞机起飞后又返航回到了首都机场,返航之后,她们就在机场给我打电话。

当时有两个选择，第一是放弃当天的行程回家，第二是在机场等。她们是中午 12 点多返航的，机场通知说下午 5 点可能会重新起飞，这意味着要等待 5 小时。当时我跟我老婆说，要不然她们先回来，找时间再回去看孩子姥姥。但当时我老婆非常想回娘家，所以我们两个就对这件事情有些拿捏不定。后来我们商量好了，让孩子来做主。我大女儿当时 7 岁了，我们决定把选择权交给她。

结果我女儿特别笃定地说，要在机场等。于是，她跟妈妈在机场等到了下午 5 点多。很幸运下午 5 点多飞回去的时候天气很好，她们顺利着陆。着陆后，女儿就跟妈妈说："你看听我的对了吧？"女儿表现得非常开心，为什么？因为她决定了一件事情，而且决定完后，还得到了一个想要的结果。

事后我问女儿："如果你们等到了 5 点，最终也没有起飞，你怎么办？"我女儿跟我说："那我也要等，万一到了 5 点真的走不了，我们再回家也可以。"她把两种后果都考虑到了，两种结果她都能接受，她在这件事情上收获了责任感。

如果在孩子成长的过程中，我们不断地拿一些事情让孩子去选择，那么每一种选择的背后就是责任感在起支撑作用。在孩子成长的过程中，父母要让他不断地去参与选择，并且尊重他的选择。

很多家长说，我让孩子去选择，但是往往做不到尊重孩子的选择。那么，真正尊重他的选择是指的什么？你问孩子："今天咱们吃什么？"孩子说："我想吃汉堡。"你说："不行，汉堡是垃圾食品。"孩子说："我想吃面条。"你说："不行，昨天刚吃过了。"你看起来是在让孩子选择，但是实际上你已经把答案确定了，这是不对的。尊重孩子的选择，是不管他选择了什么，你都能做到支持。

比如，他选择吃面条，你说："好，咱们就去吃面条。"然后吃面条的时候可能孩子表现得不太喜欢吃，你也要告诉他为什么不喜欢吃："因为昨天吃的是面条，你现在又吃，重复吃一样的就没意思了。下次再选择的时候，你知道怎么考虑了吗？"这是在教孩子选择的方式，而不是不给他选择的机会。一个人没有选择的机会，就没有相应的责任感。所以，想让孩子在成年之后有更好的目标感，一定要从小培养他的责任感。

托尔斯泰曾说："一个人若没有热情，他将一事无成，而热情的基点正是责任心。有无责任心，将决定生活、家庭、学习、工作甚至整个人生的成功和失败。"

当孩子拥有了责任心以后，才敢于做出选择，对于自己的选择才能负责，在这个过程中，孩子的自律性和内驱力也会发展出来。培养责任心是孩子成长的必修课，家长是孩子的第一任老师，我们要从自身做起，言传身教，这才是教育的最好实践。

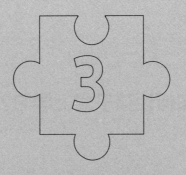

学习规则篇

如何让孩子爱上学习？

　　提到学习，很多孩子都是能拖就拖，因为学习这件事对他们来说很枯燥，还要承受家长的催促、唠叨，甚至打骂。怎样才能让孩子感受到学习的必要性和乐趣，从而激发他的学习力呢？

　　毫不夸张地说，从孩子出生开始，家长就在为"让孩子爱上学习"这件事所努力。

　　在我的课上，经常有家长问我："侯老师，我的孩子特别不喜欢学习怎么办？""我的孩子一写作业就头疼怎么办？"我通常会反问一句："你敢不敢接受孩子不爱学习这个事实？"孩子写作业头疼，可能是他不会做；感到很烦躁，可能心里想着玩游戏，这都是很正常的事。

那么，让孩子爱上学习，这可能吗？其实大部分家长对学习的理解本身就存在偏差，如果不了解以下关于学习概念的误区，可能会走很多弯路。本节我会讲解两个关于学习本质的概念，帮你找到引导孩子爱上学习的方法。

误区：
家长混淆了学习的广义与狭义、过程与结果

很多人质疑，人是不是天生就不爱学习？可我却认同"人天生是爱学习的"这个说法。

从广义的角度来说，我们做的每一件事情都是在学习。

打《王者荣耀》这个游戏，如果不沉溺其中，也是一种学习。学习什么呢？《王者荣耀》里面有几十个英雄，每个英雄的技能都不一样。所以，你想打好这个游戏，就需要学习游戏地图，了解每个英雄的位置，学习英雄的技能，在适当的时候

祭出"撒手锏"。不管是娱乐还是其他事情，其实都存在学习的过程。成长就是不断学习的过程。所有形式的成长都是学习，这是广义上的学习。

狭义的学习指什么呢？**简单讲就是孩子上学以后的学科学习。**学科学习不同于其他学习，它要遵循学校的规定和应试的要求。

无论是广义的学习还是狭义的学习，在这个学习过程中，孩子都会经历一定的艰辛，父母如果分不清学习的属性，就更容易把学习的艰辛变成痛苦。

我身边的很多家庭都前赴后继地陷入了逼着孩子接受痛苦学习的尴尬境地。

家长还要明白，**学习是一个过程，我们没有必要强迫孩子爱上这个过程，你只需要让孩子明白，这个过程是为了达到他想要的结果必须经历的事情。**

比如，有的孩子说不想考大学了，想去当电竞选手，去当歌手，等等。你这时候告诉他当电竞选手、当歌手是很难、很累的。他就会说他什么都不怕，他愿意去吃苦。他为什么愿意去吃苦？**因为这是他自己选择的。**他认为做喜欢的事情，虽苦犹甜。如果他干了一段时间就不干了，那是另外一码事，但起码他愿意主动地去做自己选择的事情。

每一个孩子都有好奇的天性，他们有强烈的求知欲望。而家庭教育能做的就是激发他们对知识、对未来的好奇心，用一个让孩子充满渴望、充满想象力的"结果"，来反推着他们自觉地去学习进步。

> **养育规则：**
> **正确理解广义学习与狭义学习，**
> **理性看待学习过程与学习结果**

学习兴趣取决于学习内容和学习的意愿。一位咨询者和我说，他很喜欢打《王者荣耀》，想跟他老婆一起玩，但是他老婆不喜欢打这个游戏，觉得学着费劲，还不好玩。

我说："这个游戏在你看来很轻松有趣，但是对她来说，要学会并且喜欢上打游戏是很困难的事，这跟强逼孩子进行学科学习是同样的道理。"

换句话说，学习究竟是一件令人开心的事情，还是一件令人痛苦的事情，取决于学习的内容和学习者的意愿。

有的孩子喜欢踢足球，有的孩子喜欢打《王者荣耀》，这是他们的选择。孩子去做自己喜欢的事情，会心甘情愿，哪怕在其他人看来"很辛苦"。可是要他去做他不喜欢的事情，那就相当于上"酷刑"，比如学科学习。因为学科学习是被规定好的学习内容，很少是由孩子根据自己的兴趣去选择的。

孩子能主动且快乐学习的前提是：**学习是自主、自发、自愿的事情，而不是在被迫的情况下发生的。**

让孩子爱上学习，究竟让他爱上的是什么？这里面有个"过程"和"结果"的区分。

允许孩子不爱学习，是教育最大的成功。让天性自由，是激发孩子兴趣的根本动力。

为什么那么多学生高考完之后就去撕书？为什么很多学生在大考之后会有一个破坏性的庆祝行为？那是他们在告诉自己：我再也不用学了！不用去经历那个过程了，因为我拿到这个结果了！

也许家长会问："我们不能让孩子爱上学习本身吗？"

根据我的经验和目前最主流的教育理念，我把家长如何引导孩子掌握不痛苦的学习方法做了一个简单的梳理，仅供大家参考。

首先是以兴趣为导向。这是一种能力，而不是愿望和认知。

每个孩子天生的素质和成长的阶段不同，对不同事物的兴趣都不一样。我们想要让孩子爱上学习，就是要把培养孩子学习的兴趣、向上的积极性作为根本的出发点，至于学什么内容，一开始没那么重要，你甚至可以允许孩子在刚接触学科内容的时候偏科。

其次是认真地欣赏。家长要认真欣赏孩子正在学习的任何东西，即便孩子做得不是那么好，也要给予真诚的鼓励和回应。这是避免孩子积极性受挫的重要法宝。

再次，最重要的是，要试着允许孩子不爱学习。我们已经提到，学习是一个过程，他可以不喜欢学习，但是他必须学习，那么他应该喜欢的是什么？是学习好了以后的结果。对于大多数人来说，学数学、语文，也是为了得到结果。

在孩子比较小的时候，这个结果可能是父母的认可、老师的表扬和同学的羡慕，那么随着他的年龄逐渐增长，他学习好的结果是什么呢？**被社会认可。什么叫作"被社会认可"？考上好的高中，考上好的大学，以至于将来有更好的工作，在自己的兴趣基础上培养出自身特长，实现人生价值。这些就是他学习的结果。**

所以，要让孩子明白，他在学习，要的并不是这个"过程"，而是"结果"。反过来说，如果没有这个过程，你是得不到结果的。

也许过程很痛苦，但是结果很美好。换句话说，叫作"先苦后甜"。你的学习过程有多苦，那么你的结果就有多美！这个可能是我们能够传输给孩子的一个他可以接受的理论。

最后，千万不要忽视陪伴的力量。陪伴可以使家长亲身感受到孩子在学习过程中遇到的困难，从而给出科学的引导和解决办法，协助孩子在广义的学习中坚持下来，在狭义的学习中钻研下去。

让孩子爱上学习，不只是对孩子的要求，家长也要不断地学习和进阶。

实际上，快乐教育并不是要剔除学习的努力和辛苦，而是要引导孩子避免走上学习痛苦的"万劫不复"之路，这才是"快乐教育"的精髓。

孩子厌学的三个真相

孩子拒绝大人过问学习情况，一问就烦或者转移话题；书看不进去，作业写不出来；上学前，身体总是出现头疼、背疼、肚子疼等状况；课上打不起精神，逃学，休学，退学……如果孩子出现以上表现，就要警惕孩子是不是厌学了。

我们在新东方家庭教育中心设立过一个**"厌学营"**，专门帮助家长解决孩子厌学的难题。许多父母对厌学有误解，会把孩子不想去学校、不想上课、不想做作业、对老师布置的难题有畏难情绪统统归入厌学范畴。

事实上，不同年龄阶段的孩子所产生的厌学表现和原因是不一样的。没有弄清楚原因，一味地当作厌学对待，很容易起到反作用。当父母仔细去了解孩子厌学背后的原因后，会发现他们当中大部分人本来对学习是充满兴趣的。

接下来，我将从小学低年级、小学高年级到初中、高中三个阶段，来为你剖析孩子厌学的真相。只有了解了为什么，才能有针对性地帮孩子解决难题。

小学低年级阶段：
过早感受到学习压力

小学一二年级的孩子出现了厌学情绪，你可能会奇怪，这个阶段的学习内容并不复杂，孩子为什么会对学习产生那么大的抵触心理？最根本的原因是家长**过早地让孩子接触学习**，孩子从一开始就对学习产生了惧怕，认为学习是一件很难的事情。

还有一个重要因素，孩子入学后，亲子关系会发生巨大变化。没有学习任务的时候，孩子跟父母关系很好，一旦学习变成孩子人生的重要课题之后，父母与孩子的关系就变得越来越紧张，父母对孩子的要求也会逐渐增加。

基于这两点，当孩子的学习压力增加，同时又无法满足父母的要求时，就特别容易对学习产生焦虑感。趋利避害是每个人的本性，他就会本能地回避学习这件事。

所以，对于部分一二年级的孩子来说，他们得到的结论是：**学习会给我带来痛苦**，那么他们自然就会去躲避学习。

小学高年级到初中阶段：习得性无助

孩子到了小学高年级以及初中阶段，厌学的原因看似是成绩不佳，但根本原因是习得性无助，简单来说，就是**"我的努力是没有用的"**。

这个阶段的家长对孩子的关注点往往在学习成绩上，一旦考不好，就会批评孩子，或者不断提出新的要求。而孩子就会陷入习得性无助的负向循环中：**你看，我再怎么努力，都学不好**。

还有一点值得提醒，为什么很多班级前三名的孩子也会在这个时候产生厌学？因为这类孩子的成绩越好，家长的要求就越高。比如，"你考班级前三还不行，你要考到年级前三"。当孩子考到年级第一时，家长又说，"不行，你只是你们学校第一，你要考全县、全市、全省第一，你的目标是清北"。无论孩子是什么水平，家长对孩子的成绩都是持不满意的状态。

埃里克森在人格发展的八阶段里提到，面对 7 ~ 12 岁的孩子，重点是要解决勤奋和自卑之间的关系。很多家长想当然地认为自己在激励孩子，事实上，这种激励方式并没有满足孩子的自尊需求，反而让他对自己的能力产生了强烈怀疑，进而对自我产生怀疑。

高中阶段：
缺乏责任感

如果在上面两个阶段孩子学习状态都还不错，到了高中突然厌学了，又是什么原因呢？这个阶段很多父母容易使错劲儿，揪着孩子去制定考上好大学、找个好工作等长远目标，孩子动力不足时，看起来就好像是对学习丧失了兴趣。其实真相是孩子缺乏责任感。为什么呢？

我们经常说要让孩子做生涯规划，让孩子有努力的方向，要有目标感。要知道，一个人有目标感的前提是有责任感。特别是高中阶段的孩子，他只有知道自己的人生是由自己负责的，才会去制定目标。如果人生是由父母负责的，那目标让爸妈来定就好了，没有必要自己定目标。

很多孩子在成长的过程中缺少了探索和承诺，导致他们逐渐产生了对自己的人生也不用负责的想法。

相反，一些大学时期退学去创业的孩子，并不是对自己的人生不负责任，而是知道自己想要什么，很明确自己的选择会带来什么样的结果，并且能接受这个结果。当然，这些只是特例。所以，到了高中这个阶段，家长要重点培养孩子的责任感。

了解了孩子在不同阶段厌学的真相后，父母需要做的是更新养育观念，制定适合自己孩子的养育规则，既不娇惯孩子，也不要让孩子绝对服从。家长要让孩子有自我决定的机会，这样他才会发挥自己的主观能动性，把自己的潜能激发出来，做事情才会有责任、有目标、有规划。这样的话，不但有利于孩子学会自主学习，也能让孩子对长远的人生道路更有掌控感，最终拥有自己说了算的人生。

你了解孩子真实的学习能力吗？

场景

　　"不写作业母慈子孝，一写作业鸡飞狗跳"，很多人把这句话当作玩笑，但我通过大量的咨询案例发现，很多家庭都存在这个难题。在辅导孩子写作业的过程中，为什么家长会有那么大的情绪反应？原因在于，你对孩子不够了解，并且没有制定学习规则。

　　规则的力量是巨大的。儿童大脑功能的可塑性比较大，不但容易接受新事物，而且容易形成规则习惯。孩子的学习习惯在小学低年级就会形成，如果这个时间段没有制定好学习规则，往后会越来越难。

孩子一旦养成规则意识，就会在规则的轨道上去做正确的事，也就不需要父母天天耳提面命了。

误区1：
学习态度决定学习成果

家长在陪写作业的时候，应该能体会到：在小学低年级阶段，家长陪写的时间多一些，因为这个阶段的家长比孩子懂得多，可到了小学高年级以后，很少有家长能够真的陪孩子写作业，因为家长的能力已经达不到了。

很多家长来找我咨询，跟我反馈他生气的点在哪里，常见的有：已经教了5遍了，孩子还是记不住，就是不专心；前一天刚背的课文，第二天就忘了，一点也不认真；一道题反反复复做错，太马虎了！

你发现了吗，家长在评价孩子写作业这件事情时，往往针对的是孩子的态度，认为孩子不够专注、不够认真、不够仔细……换句话说，家长把孩子学习成果的好坏归结到孩子的学习态度上。很多家长都说，"他不会我可以教他，但是他不听我真没办法"。家长总在和孩子的学习态度较劲，却很少反思是不是孩子的学习能力出了问题。

误区 2：
孩子的能力水平是均衡统一的

小学阶段，一个班的孩子年龄最大差是 365 天。不同的孩子的认知水平、记忆水平、理解能力是会有明显差距的。而家长总觉得，都是一个班的孩子，学习能力能相差多少？这是家长的第二个误区。

大部分家长都会去参考同龄孩子的学习水平。比如，在孩子写作业之前，家长会主动去问老师：今天的作业大概需要多长时间写完？如果老师告诉他，今天的作业需要半小时完成，那孩子半小时还没完成的话，家长就有点焦虑了；如果 40 分钟、50 分钟还没完成的话，家长就气得爆肝了。但是你可能忽略了，老师说的 30 分钟是一个平均值。对于理解能力强的孩子来说，可能只需要 15 分钟就完成了，而有的孩子理解能力稍微差一些，需要 40 分钟、50 分钟，也是很正常的。

很多家长无法接受自己的孩子低于平均值，事实上，无论家长接不接受，这就是孩子能力水平最真实的样子，我们应该思考的是，怎样进一步全面了解孩子的思维能力、阅读理解能力、运算能力、记忆能力等各项学习能力，然后逐个帮孩子进行提升。

养育规则：

科学评估孩子的能力水平，共创学习规则

我一般会问家长："你是怎么判断孩子是学不会还是不认真听的？"通常家长都会很激动地说："我已经给他讲了3遍了，他如果仔细听的话，怎么可能不会？"

家长首先要去了解自己孩子的接受能力，比如说你教了他3遍，他如果还不会，没关系，你再教他第4遍、第5遍、第6遍。这个时候心里不要想孩子应该几遍能学会，而是多想想你该用什么方法让他学会，在心里告诉自己，孩子什么时候学会，你就什么时候停下来。

另外，我教给大家一个方法，叫**前测**。如果你教了他9遍，他才学会，那么你心里就清楚自己的孩子处在一个什么接受水平，这样相当于给孩子做了一个测试，那你就知道，你的孩子学会一道题，你要给他讲9遍，那么在下次讲题的时候，你的实际参考值应该是"9遍"，而不是"3遍"这个平均值。

所以说，如果你在陪孩子写作业时总是上演鸡飞狗跳的剧情，那就要想想自己是不是陷入了误区，觉得只要孩子比别人写得慢、做得差，就把孩子态度不端正作为唯一原因，从而与孩子生气。各位家长在陪孩子写作业的时候一定要记住，起码在孩子开始学习的阶段，我们要充分了解孩子的学习能力，而不是去跟孩子的学习态度较劲。

我特别建议，各位家长一定要在小学低年级阶段就跟孩子合力去制定好学习规则。

心理学家、哲学家弗洛姆讲过一个非常好的理念："教育的对立面是操纵。它出于对孩子潜能的生长缺乏信心，认为只有成年人去指导孩子该做哪些事、不该做哪些事，孩子才会获得正常的发展。然而这样的操纵是错误的。"

只有建立好学习规则，孩子才能进行自我驱动，具体方法是：在孩子开始建立学习规则的时候，作为家长，要严密地跟进，给孩子提出具体的建议，比如说每天的作业，先做哪些，后做哪些；碰到难题时，自己应该先用什么方式解决，如果解决不了，家长再手把手地教。

　　慢慢地，你可以偶尔陪一下，借机纠正孩子的学习规则，或者让孩子完成每个任务后跟你说一下，你来检查。再往后，家长要更放松对孩子的监督，并且要特别注意他在学习过程中表现好的地方，给予尽量多的鼓励。

　　到了最后，家长其实能做的就是放手，因为经历了上面的过程，孩子已经建立起了自己的学习规则，能够非常自主地学习、做作业了。当然，孩子在学习过程中总有遇到困难的时候，这种时候，我们就应该陪孩子一起思考问题出在哪个环节，再认真帮他分析，找到解决路径，从而帮助孩子提高学习的能力和效果。

只要努力，成绩就会提高？
家长别再误导孩子了

很多家长对"努力"的理解存在误区。在课上，我经常会问家长："你希望孩子在态度上努力，还是在行为上努力？"几乎没有家长能给出明确的答案。当然，孩子最终的成绩也并不会因为努力与否产生巨大变化。

这一节就和大家分享一下，什么是有效的努力，家长如何做，才能帮助孩子避免无效努力。

误区：
孩子只要肯努力，就会有好成绩

很多家长爱给孩子扣一顶"学习不努力"的帽子，他们认为孩子不努力表现在两个方面：学习意愿不强，不在学习上投入更多时间。

首先是意愿。家长们普遍认为，孩子成绩不好，就是玩游戏太多、看书太少，主观意愿上不努力。所以，他们会反复提醒孩子："努力一点，少玩游戏，多看书，多做题。"这种提醒往往没有多大用处。因为即便孩子有努力的意愿，也并不一定能提高成绩。

每个孩子都有想变得更好的意愿，尤其是第二名的孩子，他也特别想考一名，他也在按照老师和家长的要求认真学习，如果父母这时候说孩子不够努力，不仅会让孩子感到困惑，不知道自己究竟还要怎么做才叫努力，还会让他对自己的能力产生怀疑，变得不够自信。

其次就是对学习时间的投入。家长们总认为，只要孩子不断在学习上投入时间，就是努力的表现，成绩也能随之提高。但结果却是，孩子学习的热情被消磨，过重的疲劳感导致学习效率下降，学习成就感下降，成绩可能不升反降。

努力，光有意愿、时间投入是不行的，关键是要通过行为改变结果。

养育规则：

努力的关键是要通过行为改变结果

孩子对学习和作业的态度不会在短时间内发生改变，即使家长拼命讲道理或者吼叫，孩子表面上改了，但心里依然不爱学习、不喜欢写作业。所以，家长不需要跟孩子在态度这件事情上较劲，因为态度没法把控，也很难靠批评纠正。

家长能做并且有成效的，是对孩子的行为提出要求。相比态度来说，行为是可以被直接观测的，并且能有效进行管理。比如，孩子成绩不太理想的时候，我们可以跟他说："每天多做 10 道题，你的成绩可能会提高。"这是一个具体的、可以被观测的行为，孩子不会感觉困惑，我们也能看到孩子的变化。所以，一定不要只在态度上给孩子提要求，而要在可以界定、评判、控制的行为上提要求，这样才能真正帮助孩子。

通过让孩子在行为上发生改变，来推动孩子的成绩提升，再通过成绩上的提升，帮助孩子找到学习的成就感，从而慢慢改变对学习的态度。

一味地增加学习时间，并不意味着学习效果也能因此提升，关键是要提高孩子的学习能力，改善学习方法。比如，训练专注力，提高获取知识的效率；训练记忆能力，在单位时间内可以记住更多知识；训练逻辑思维能力，提高解题速度，等等。这些能力训练是另一个范畴，不是单纯让孩子努力就可以做到的。

总而言之，在孩子努力这件事上，家长不要做无效的要求，避免孩子陷入无效努力。掌握正确方法，才能激发孩子变得更好的意愿，让努力事半功倍。

父母不注意这两点，
会破坏孩子的学习兴趣

场景

> 别人家的孩子不仅按时完成作业，还超额完成课外任务，而咱们家的孩子只知道玩，一听到"学习"二字，整个人都蔫了，成绩不进反退，到底该如何激发孩子的学习兴趣？

在我的培训课上，我经常被问："侯老师，我该如何培养孩子的学习兴趣？"这是家庭教育中亘古不变的难题。大家之所以会问这个问题，是因为很多人一直被一个想法所洗脑，那就是"兴趣是最好的老师"。

的确，有效激发孩子的学习兴趣，比强行给孩子灌输知识更重要。一个人一旦对某件事物产生了浓厚的兴趣，就会主动去求知、去探索、去实践。有了浓厚的兴趣，似乎就有了一往无前的力量。

然而理论归理论，通过引导孩子提高学习兴趣，最终取得良好学习成果的案例，并不是很多。况且，如果不能科学有效地培养孩子的学习兴趣，只会让孩子走更多弯路。

误区1：
有了学习兴趣，就能一劳永逸

很多家长习惯于把孩子成绩不好归因于对学习没有兴趣，进而花大量时间和精力去寻找培养兴趣的方法，认为孩子一旦对学习产生了兴趣，就会迸发强烈的主动性和创造力，似乎所有学业上的难题都会因为兴趣迎刃而解。这也是家长在培养孩子学习兴趣上最朴素的逻辑。

事实是，有了兴趣，并不能一劳永逸。

"兴趣是最好的老师"，这话不错，但是在真正的实践中，却是很难落地的事情。

你想想看，一个数学很好的同学，他可能对数学确实有浓厚的兴趣，很乐意去做数学题，尤其是那些特别难的题，更能激发他的挑战欲。但是，他会对英语和语文有同样的热情吗？不一定！而且在大多数孩子身上，这个答案都是否定的。

学习本身就是一件很枯燥、很辛苦的事情，很少有人能产生极大的兴趣。对于天生爱玩的孩子来说，培养对全科目的兴趣，更是难上加难。

> **养育规则：**
> **"三规一少"的学科学习，兴趣不是必然**

在上小学之前，孩子的学习动力主要是通过兴趣来激发的。比如画画、跳舞等，孩子喜欢什么就可以学什么，这个阶段的学习完全可以以孩子的兴趣为出发点。但是进入小学之后，孩子的学习就进入了一个"三规一少"的状态，**"三规"是指规定的学习内容、规定的时间、规定的考核办法；"一少"就是少数人的成功。**

一旦孩子进入"三规一少"的学科学习中，家长要做的就是**让孩子明白一件事：有些东西，不论是否有兴趣，都是必须学的，这是规则**。规则就要遵守，并且不能随意改变。

就好像我们做一份工作，有 50% 的内容是我喜欢的，50% 的内容是我不喜欢的，这已经是很理想的情况了。对于不喜欢的 50%，我该怎么做呢？难道我不喜欢写 PPT，就一定要培养出写 PPT 的兴趣吗？这显然不现实。

所以，当**孩子进入小学后，我们把所有学科学习都寄托于兴趣，就会陷入走不通的状况里**。就好像玻璃瓶里的蛤蟆，前途看似一片光明，却找不到出路。

误区 2：
重兴趣培养，轻能力培养

很多家庭会不自觉进入一个误区：**过度关注孩子的兴趣培养，而忽略能力培养**。这是让孩子丧失学习动力的第一步。

因为缺乏学习能力，学习任务对于孩子来说，越来越困难，越来越棘手，最终导致越来越没有兴趣。

事实上，兴趣分为很多种，感官上的刺激也是一种兴趣。比如说，我喜欢听相声，我对听相声这件事情是有兴趣的，但是我既不会去说相声，也不会去当一个相声评论家，更不会去做一个写相声稿的人。为什么呢？这就涉及能力问题。

养育规则：
成就感是持续学习的推动力

我特别建议咱们在培养孩子学习兴趣的同时，注重提高能力培养。

大家可以去看看那些歌唱类的选秀节目，当评委问选手有什么梦想时，他们可能会说："我的梦想是站在更大的舞台上，唱一首歌给全世界的人听。"但是，从来没有人会在歌唱节目的舞台上说，自己的梦想是成为一个优秀的足球运动员。因为他们擅长的事情就是唱歌。唱歌是他们的兴趣，同时他们的能力又足以让他们把这个兴趣延展开来。

很多孩子在三四岁的时候都喜欢跳舞，后来为什么不跳了呢？是因为没有兴趣了吗？**其实是因为他的能力不足以支撑他在跳舞上取得更大的突破，于是就很容易半途而废。**

一个人能在某个领域持续深耕多年，往往不是因为兴趣，而是因为这是他擅长的领域。

与其培养孩子的学习兴趣，倒不如先去提高孩子的能力。

英语学不好，与其**费尽心思去培养孩子的英语兴趣，倒不如去研究一下想学好英语应该提高哪些能力**。比如记忆力、意志力，把这些能力培养好，让孩子在学科上取得成功，会比让他对一个学科产生兴趣，走得更扎实、更长远。**因为成就感是持续学习的推动力。**

当一个人在学习或工作中取得成功时，产生的满足感和愉悦感是任何东西都无法比拟的。对于孩子来说，因为能力的提升，考取了优秀的成绩，获得老师和家长的表扬和鼓励，就会加强这种感受，并会产生更大的兴趣和动力，促使他持续向上攀登。

兴趣是天生的动力。在学科学习上，孩子有兴趣是一件锦上添花的事情。但如果没有，家长们也不用慌，更不用盲目地去培养。提升孩子学习的能力，激发他的成就感，更能挖掘孩子内在的无限潜能，从而使孩子享受到学习所带来的真正持久的乐趣。

幼小衔接的真正意义是什么？

场景

　　"不进行幼小衔接，我好焦虑，总担心孩子输在起跑线，将来上了小学什么都比别人家孩子差；进行幼小衔接，我又不确定提前学习的内容是否符合孩子的成长规律，会不会揠苗助长，好纠结。"难道只有进行了幼小衔接才能在入学后成为"学霸"？上幼小衔接的利与弊有哪些?

　　孩子上幼儿园大班后，幼小衔接是家长高度关注的话题。事实上，进行幼小衔接并没有对与错的分别，无论怎么选，都各有利弊，非黑即白的站队没有意义。在不同的决策之下，会遇到不同的误区，家长要做的是识别背后隐蔽的陷阱，并能用科学的养育规则规避。

误区 1：
幼小衔接只做"知识衔接"

大部分家长做的幼小衔接是关于学科方面的，比如一年级的知识提前学，这里面有一个很大的"坑"，就是孩子由于提前掌握了知识，所以在刚入学阶段，只是显得很优秀而已。这又会让孩子和家长掉入另一个陷阱：很难监测到孩子上学后在课堂上的听课质量。

有很多一二年级的孩子上课的时候不听讲，为什么呢？因为他已经提前充分掌握了老师要讲的知识点。数学老师可能需要用一节课的时间去讲 5+5=10，但是孩子早就学会了。别说 5+5，50+50，甚至 500+500，他都学会了，那么他就会觉得老师讲的内容太无聊了。

这样一来，在小学低年级阶段，孩子在学习上就会变得松懈，认为自己已经会了，不用听了，不用学了。

一个上课不听讲的孩子，只要他没有破坏课堂纪律，老师是不会批评的，同时一二年级的考试比较简单，这样就会导致孩子出现成绩不错、学习认真的假象，你很难发现他在学习习惯方面有什么问题。假如你的孩子上课不听讲，自己在开小差，而你考他学习内容，他又都会，老师和家长往往是发现不了的。长此以往，这种习惯得不到纠正，随着时间的累积，和其他同学的知识水平拉齐后，他的学科优势就没那么明显了，而学习习惯方面的劣势就会体现出来。

我们经常提到"三年级是分水岭"，原因就在于有一大批孩子的知识是提前学的，三年级以后，对于上课没有认真听讲的孩子来说，之前储备的知识已经用完，新的知识没学到，就会出现青黄不接的局面。成绩下滑，归根结底还是学习习惯没有培养起来，上课听讲效率低，课后作业完成质量差，逐渐还可能会出现厌学等情绪。

幼小衔接还有一个可能出现的弊端，就是由于孩子过早地接触学科类的学习内容，容易产生负担比较重的感受，如果他的认知水平达不到的话，他接受这些知识是有一定难度的，从而导致孩子在学科学习的起跑线上就已经热情不在，动力不足。

有一个我印象很深的咨询案例，一个家长曾问我："教3

岁的孩子认字，有没有好的办法？"我说："有啊，明年再教。现在教，是事倍功半，你想事半功倍，就是明年再教。"因为3岁的孩子不具备认字的认知能力，硬要教的话，只能是家长费劲、孩子闹心。

养育规则：
不仅限于"知识衔接"，各项能力要均衡发展

幼小衔接的目的不只是单纯的知识过渡，还应该包括心理、生理、习惯、规则意识等多方面的过渡。尤其在进入小学之前，形成初步的规则意识，培养独立的学习生活能力，建立良好的学习习惯，对孩子来说至关重要。

第一关就是心理准备。无论是家长还是孩子，角色上都发生了一些变化，如何承接这种心理上的转变？家长可以从两方面入手：第一，培养孩子对学习的责任感。责任心是孩子获得成功的基石。应该纠正孩子错误的学习习惯，对孩子进行责任教育，孩子犯错时进行心理引导，让他学会自我反省，培养他的逆商。除此之外，也可以通过阅读一些绘本来帮助孩子完成心理过渡，比如《遇到困难我不怕》等。

第二，培养孩子的探索求知欲。简单来说，就是培养孩子"爱学"的内驱力，让孩子对学习这件事保持内在且持续的投入意愿。可以通过一些 STEAM 桌游启蒙、益智玩具等来激发孩子学习的热情和信心。

接下来至关重要的是树立规则意识。与幼儿园不同的是，小学有了明确的学习规则和任务，家长要先让孩子有一种认同感，即进入小学后，他即将开启一段新的学习生活旅程，要开始遵守新的规则。

家长可以通过"三步走"来帮助孩子建立规则意识。第一步，引导。学校会有很多规则，是高度秩序化的，要让孩子了解并顺利适应这些规则。第二步，接受。判断孩子对规则的理解和接受程度，可以通过一些工具卡等来检验孩子对于规则的接受度。第三步，执行。时刻给孩子做有关触犯规则的讲解、演示，以及违反规则的相应奖惩，从外在规则出发，逐步养成孩子的自律意识。

在幼小衔接这件事上，家长最容易掉进的一个"坑"就是忽视孩子的习惯养成。"好习惯胜过好头脑"，孩子学习掉队，不光是知识衔接不上，更深层的原因是上课听讲效率低，导致对知识的接收能力差。升小学后，应该用更严格的规则约束孩子，家长可以从**生活习惯、阅读习惯、听课习惯、做作业习惯**四方面入手，针对各个板块制定规则，将培养习惯这件事融入孩子的日常生活中。

教育家叶圣陶说，教育往简单方面说，只是一句话，就是养成良好习惯。好的习惯让孩子终身受益。

误区2：
过于重视"短期爆发力"，忽略"长期持续力"

对于没有提前进行幼小衔接的家庭，也会面临一些挑战。这里的挑战主要来自两方面：家长的焦虑情绪和孩子的学习自信。

如果没有进行幼小衔接，有些家长可能会很内疚、焦虑，觉得自己拖了后腿，孩子入学后学什么都会比别人差，让孩子输在了起跑线上。要知道，没有经过提前开发的孩子一开始的确容易显得比别人差，但家长要学会判断他是真差还是假差。有一种假差是，孩子只是比别人学得慢了一点。

这个慢对孩子来说，是一个正常的吸收知识的速度。但由于别人都学过了，起跑早，就会表现出一种领先的状态。没学过的孩子在这种环境下会显得笨拙，自信心也很容易受到打击。

家长在这个时候就一定要特别关注孩子的学习自信。

从家长的角度来说，幼小衔接起到的作用之一，是缓解家长对孩子即将入学的焦虑，毕竟孩子一旦进入小学，就会有所谓的排名，义务教育就是一个分层的过程，家长在这个过程中会产生很大的焦虑感，戒也戒不掉。

在发展心理学中，有一个非常著名的"双生子爬梯试验"，是美国心理学家格塞尔完成的，研究的是双生子（双胞胎）在不同的年纪学习爬楼梯的过程和结果。

其中一个（代号为 T）在他出生后的第 48 周开始练习，每天练习 15 分钟。另外一个（代号为 C）在他出生后的第 53 周开始接受同样的训练。两个孩子都练习到他们满 54 周的时候，T 练了 7 周，C 只练了 2 周。这两个小孩哪个爬楼梯的水平高一些呢？大多数人肯定认为应该是练了 7 周的 T。实验结论是，第 54 周的时候 T 和 C 爬楼梯的速度是一样的。后学的尽管用时短，但效果不差，而且具有更强的继续学习的意愿。

一个 2 岁的孩子提前训练爬梯，显得的确比其他 2 岁的孩子厉害，但是没有经过训练的孩子，3 岁的时候也可以自然爬梯。所以，当孩子长大成人后，经过提前训练和没有经过训练的孩子，在这方面是看不出水平差距的，它唯一的作用是让孩子在 2 岁的时候显得比其他同龄人强。

比如，前些年特别流行的"感统训练"，那批孩子成长起来后，其实并没有优于其他人的特质，或许这种训练对于一些特殊的孩子比较有用，但对于大部分的普通孩子来说效果并不大。

所以，家长要学会放下焦虑，正确看待学习这件事。学习最终比拼的是在同样的时间内能否习得更多知识、掌握更多学习方法，并不是靠比别人学习早而取得好成绩。

那么，如何帮孩子建立学习信心呢？可以试试下面"三步法"。

第一步，归因。和孩子达成共识，学得慢并不是孩子的错误，不是孩子造成的。

有一个咨询案例特别值得分享。一位爸爸跟我说，他没有让孩子上幼小衔接，他女儿上一年级一个月后特别沮丧，觉得自己的汉语拼音和数学都学得比别人慢，对学习特别没有自信。

我建议他跟女儿聊一下，告诉孩子："**现在觉得学得很吃力，责任不在你，而是在爸爸。**因为爸爸选择不让你提前去接触小学的学科学习，造成你进入小学之后，感觉自己比其他人慢一步。"

同时，他也要告诉女儿他之所以选择这样做，是因为他希望她在上小学前有更多的时间去做喜欢的事情，比如看书、玩游戏、画画等。

在这样的引导下，女儿觉得他的选择是对的。接受了这个现实后，孩子才能更好地去应对这种不自信。

第二步，给孩子一个能学好的理由，从根本上建立自信。

在对问题产生的原因达成共识之后，接着去讨论她能不能学好的问题。有一个很好用的"家族荣誉感"方法，相信大多数人都用得到。它并不单纯指某一个能力上的遗传，更多是来自精神层面的鼓励。比如，你可以告诉孩子，他的爷爷是非常有毅力的人，或者列举一些爷爷的其他成就。哪怕没有什么成就，也可以说他爷爷是一个一辈子人缘都很好的人，也是有作用的。这个可以根据自己家庭的实际情况去操作。

如果你经常这样激励孩子，慢慢地，孩子的心中就会根植一种很强的信念，会认为自己继承了家族中这部分的优秀基因。这在无形中起到了积极的心理暗示作用，能帮孩子给自信心"打底"。

第三步，循序渐进，每天进步一点点。

成功从来都不是一蹴而就的，每天进步一点点，量变才能引起质变。当孩子 10 道题做错了 5 道，你可以用鼓励代替批评："你看这 5 道题你都做对了，很棒！剩下的 5 道题我们慢慢就学会了。"

这个时候不能着急，要让孩子保持一个稳定的状态，根据孩子的能力去制定学习进度。这样，孩子的成绩就会慢慢提高，错题从 5 道变成 4 道、3 道、2 道……

这"三步法"运用下来，一年级结束的时候，孩子无论是学习成绩还是其他表现，和其他提前学习的孩子相比，都不会有显著差异。

从学校整个教育设置来看，为什么一二年级的孩子动不动就拿回来双百，或者拿回来的成绩都是优呢？因为对于一二年级的学生来说，最重要的就是让他们对学习这件事情充满兴趣和信心。

最后再总结一下，所谓的幼小衔接，并不仅仅是指知识上的衔接，更多是心理上、习惯上、思想上的衔接。

人生比的不是"短期爆发力"，而是"长期持续力"。

不管有没有提前进行学科学习，都应该让孩子养成良好的学习习惯，树立强大的学习自信心，培养起对学习的兴趣，形成内在驱动力和人生长跑能力。

不必追求完美的学习环境

场景

　　孩子一学习，家里鸦雀无声，全体成员都得打起精神陪"太子"读书。可新闻里那些蜷缩在人来人往的菜摊学习的孩子，却能够聚精会神。这背后的差距在哪里？

　　一直以来，家长都有一种误区，认为好的学习环境一定利于孩子的学习成绩，过度放大学习环境对孩子的影响。不少家庭在这方面花了大心思，给孩子打造最优质的学习环境，然而孩子的学习并没有长进。究竟什么要素能调动孩子积极向上的心态，让孩子时刻保持学习力？

误区1：
孩子一学习，全家就要进入"战备状态"

家庭学习环境分为两部分：一部分是物理环境，另一部分是人文环境。

我们在日常行为习惯中，特别容易受到"环境线索"的影响。什么意思？比如，当走进电影院、图书馆这样安静的场所，我们会不自觉地把自己的声音降低；当去公共场合聚会吃饭时，我们的声音就会放得更高一些。对孩子来说，当他进入属于自己的独立学习空间时，自然就会切换到学习的行为模式。如果有条件的话，家长可以把学习和游戏等其他活动空间进行分割，给孩子打造专门学习的"物理环境"，这在一定程度上确实有利于孩子提高学习专注力。

另一部分是人文环境，也是我接下来要阐述的重点。

你有没有发现一个有趣的现象，很多家庭，当孩子正式步入小学后，他在家学习的时候，整个家庭就会同步进入全员学习的模式。

有的家庭把它称为"学习时间"，既包括孩子的学习，也包括父母的"陪学"，这听上去或许很美好，却是一个大陷阱。当然排除父母本身就有学习任务的情况，这是另外一回事。

我想探讨的误区是**学习绑架**。很多父母本身并没有明确的学习目标和任务，但是为了能让孩子进入学习状态，就让整个家庭进入学习状态，跟"言传身教"类似，就好像在表达：你看，爸爸在学习，妈妈也在学习，你就更应该认真地学习。但通常这只是家长一厢情愿的想法，实际上这种牺牲更容易让孩子产生"被绑架"的心理。

在我的一个咨询案例里，有一个五年级的女孩，她妈妈来找我，问我："侯老师，我们家的情况有些特殊，我女儿学习成绩不错，但是放学在家写作业，必须得由我陪着她写，如果我不陪着她，她大量的题，尤其是数学题，都不会做。她会不断地跑来问我这道题怎么做、那道题怎么做。如果我陪着她写，那么同样的题她不问我，自己就可以做出来。"

这种情况就是我强调的"学习绑架"，在这个案例里，是孩子绑架了父母。**如果父母不陪着我学，那么我的学习就无法正常进行。**它既是一种依赖，也是一种威胁。这种陷阱就是错误的人文学习环境造成的。

养育规则：
好的学习环境是互不打扰，各司其职

　　如何避免上面说到的那种情况？从孩子的心理活动出发，他从一开始的时候就认为父母会陪着自己学习，学习可不是他一个人的事。而家庭学习环境一旦形成这种模式，当其中任何一位家庭成员改变这种状态时，就会对孩子的学习产生负面影响。比如，我今天学习，爸爸没有学，那我也不学；明天妈妈要出门参加聚会，不能学习，那我也不学。

　　当学习成为一家人的事情时，家长应该反思的是如何分工。**好的家庭学习环境应该是一种互不打扰、各司其职的状态。**

　　好的人文环境需要每个人明确自己的责任。父亲和母亲应该根据各自的特点，发挥各自所长，在教育孩子的过程中进行适当的分工，共同教育孩子时优势互补，更有利于孩子的全面发展，而不是盲目地陪读、陪学。

　　有很多家庭为了不让孩子玩手机，规定父母回到家也不许碰手机。且不说家长能不能做到，假设家长真的做到了，如果单纯用这样的方式去管理孩子——不让孩子做的事情，家长也不做，那么长此以往，就会出现孩子"绑架"父母的现象。

小学阶段好管，到了初中，孩子逃出家长的管制以后，这种教育方式会出大问题。

对孩子来说，一天当中有学习时间，也有游戏时间；对父母来说，有休息时间，也有照顾孩子的时间。只有每个人在不同的时间段遵循自己的时间安排，去做自己应该做的事情，才能真正给孩子提供一种长期且正向的引导。

误区 2：
孩子的学习环境必须绝对安静

孩子的学习环境必须绝对安静，这个"坑"也有不少家庭踩过。事实上，**声音干扰对孩子的学习影响并没有我们想象的那么严重。**

很多家庭为了让孩子学习时不受干扰，会给孩子创造"无声环境"，比如做一些完全静音的工作，不敢看电视，不敢大声说话，其实大可不必。一个人真正专注时，**会进入"心流状态"**，外界所谓的一般性干扰并不会对其造成太大影响。

养育规则：
"适度干扰"能锻炼孩子的学习能力

追求真空学习环境，是不切实际的。如果孩子从小就在无噪声环境下学习，那么当他进入学校后，就会感觉学校像菜市场一样，太吵了，根本无法学习。所以，让孩子在一种所谓的真空环境中学习，对孩子整体发展并不是有益的。

不知道家长们有没有过这样的体验，好像在咖啡馆或者快餐店看书的时候反而会更加专注。为什么？因为我们的大脑会为了对抗外界的干扰而更加专注，同样，适度的干扰反而可以有效提高孩子的专注能力。所以，对于孩子的学习环境，我们既不需要追求过分安静，也不需要故意追求嘈杂来锻炼孩子，顺其自然就是最好的。在相对自然的环境中，孩子的抗干扰能力或专注力会逐渐培养出来。

培养了孩子适应环境的能力，就相当于给了孩子很好的学习环境。所以，我们应该以培养孩子的学习习惯为目标，而不是刻意追求外界环境的完美。

电子产品和网络游戏一无是处？

场景

　　有的孩子放学后也玩手机、游戏，但是会自主规划学习与玩游戏的时间，有很好的自我管理意识，自控力很强,学习成绩也不错。而有的孩子见到手机就不撒手了，家长越管越不服管，家长被逼到只好把手机"锁起来"，也依然挡不住孩子偷玩。问题出在哪里？

　　我曾经在一周之内收到过 13 次"孩子爱玩电子产品怎么办"的咨询，可见这个问题有多普遍。关于电子产品的使用误区，这些年有很多争论，家长们首先要承认，让孩子完全不接触电子产品是不现实的。

面对电子产品和网络游戏，家长究竟担心的是什么？很多家长因为不清楚这个问题，和孩子的关系搞得很僵。如何在维护好亲子关系的同时，又不让孩子掉进网络"黑洞"？关于这个话题，你必须弄清楚一个误区，才能有效引导孩子和电子产品和谐相处。

误区：
电子产品和孩子健康成长水火不容

"孩子成绩差，都是电子产品和网络游戏的错"，这个骂名，电子产品背了好多年。其实，适度玩游戏在一定程度上能够给孩子的成长带来正面影响。2018 年，《环球科学》发布的年度专刊《大脑之谜》中，就探讨了电子游戏是如何提升大脑活跃性的。近些年的各种研究也证实了玩电子游戏是可以提升人的多项能力的。

跟大家分享一个我们之前做过的一个调研。

调研 1：让家长对孩子使用手机的情况进行评估。

调研结果：孩子成绩排名靠前（比如班级前10%）的家长，他们普遍认为孩子使用手机的时间长度是合理的，而孩子成绩越靠后的家长，普遍认为孩子使用手机的时间过长。

调研2：让家长写出孩子玩手机的时长。

调研结果：成绩排名靠前的孩子，使用手机时长大于成绩排名靠后的孩子。

也就是说，一个班级排名前五的孩子，可能每个星期玩三次手机，而成绩排名靠后的孩子，可能每个星期只玩一次手机。但在家长看来，成绩好的孩子多玩一会儿可以，成绩差的孩子多玩一会儿就会导致成绩更差。

你的孩子学习成绩差，归因并不一定在使用手机上，但真实的原因你往往又不肯直接告诉孩子。

这些年我一直在研究电子产品和儿童发展之间的关系。我很负责任地告诉大家，电子产品与孩子健康成长并不是水火不容的关系。**更不需要用所谓的健康作为制定电子产品使用规则的借口，那只是原因之一，但非第一影响因素。**

电子产品本身是一把双刃剑，绝对的使用和不使用已经不是我们能选择的了，更重要的是，我们应该如何帮助孩子制定好使用规则。

养育规则：

堵不如疏，"阻断式"养育只会适得其反

1. 理性接纳电子产品，拒绝"极端和双标"。

家长在制定使用规则时，切记阻断不如疏通。不光是手机，其他容易上瘾的东西，孩子早晚都会接触到。家长应该做的，是当孩子接触到这些产品的时候，引导他们提高自我约束和合理使用的能力，而不是当孩子在家时，把所有电子产品藏起来。我在咨询案例中也观察到一个有趣的现象，家长越是不接纳孩子碰电子产品，孩子往往越容易沉迷上瘾。

另外，很多家长在孩子使用电子产品的问题上，非常容易"双标"。家长跟我说，不让孩子玩手机，主要是担心对眼睛不好，每次看个 10 分钟、20 分钟就督促孩子放下，或者平常都不让他看。关于孩子使用手机时长多久合理的问题，作为家庭教育咨询师，我很难去回答。**实际上，这个时长无法制定统一标准，也无法适用于任何孩子。**

从保护眼睛的角度来说，不使用肯定是最好的，或者使用时间越短越好。但是经过前几年的特殊时期，孩子无法避免使用手机、电脑上网课，如果一节网课 40 分钟怎么办？我从没听说哪个家长因为担心孩子的视力跟老师说："老师，我们下节网课不上了，我怕连续上课影响孩子的视力。"

你看，家长在这其中存在明显的"双标"：**如果孩子是用电子产品进行娱乐，那就会伤眼睛；如果孩子是用电子产品进行学习，那么学习大于一切。**因此，在孩子的理解中，家长会觉得自己的学习成绩比健康更重要，家长拿到这个结论肯定觉得很冤。

所以，真正能够解决问题的方法是帮助孩子制定合理的使用规则，培养孩子面对成瘾类产品的自控力。

2. 正确坦承担忧，进行有效沟通。

如何在维护好亲子关系的同时又不让孩子掉进网络"黑洞"？这个平衡点也应该由家长主动去建立。**首先，我们需要勇敢地跟孩子坦承我们的担忧。**把最真实的担心告诉孩子，而不是一味地跟孩子说"我们不是不让你玩游戏，是因为对眼睛不好"。后面一旦学习的事情需要用到电子产品，就会啪啪打家长的脸。所以，要清楚地说出来。比如，"除了担心用眼健康，我还担心你会接触到不该接触的网络内容，或者电子产品会过于分散你的学习注意力，又或者担心你沉迷游戏"。这些都是可以坦诚说出来的。

其次，我们要跟孩子制定正确的使用规则。你要清楚地告诉孩子你的担心是什么，以及不按规则使用会带来什么后果。比如，玩游戏不要为装备消费；看直播不能进行打赏；有些网页不要去浏览；不能在网上随意消费，即使消费，要提前告知大人；玩游戏之前要跟家长报备，等等。在家长充分了解的前提下，孩子就可以"自由"使用手机了。

在现代社会，使用电子产品已经成为日常生活的一部分，我们应该用科学合理的规则，来帮助孩子养成合理使用的习惯，而不是一味强势剥夺孩子使用电子产品的权利。与此同时，家长也要警惕另一种极端，电子产品是开阔眼界、提升思维、辅助学习的工具，但它无法替代亲子互动和陪伴。

时间管理管的不是时间，而是任务

场景

在孩子养成自律意识之前，时间管理是一个很重要的课题。通常家长会制定详细的时间表，让孩子去完成，可到头来发现做了很多无用功，这是因为家长一直在让孩子做时间本身的管理，而忽略了任务管理。

事实上，真正效率高的孩子，并不是时间比别人多，而是他们的家长懂得时间管理的本质是任务管理。

误区：
混淆时间管理和任务管理

先说一个扎心的真相，时间管理实际上是家长的期待，但是根本实现不了。因为家长给孩子制定的时间表，很多时候不具备可执行性。家长总是试图充分安排孩子的时间：7:00—8:00 是学习时间，8:00—9:00 是看书时间，9:00—9:30 是看 Pad 时间，等等。家长会在孩子力所能及的范围内，把一切孩子能做的事情、所需要的时间长短都分配好。但实际上这并不是一个有效的时间管理方式。

在家长的潜意识里，会认为我把这个规则制定得越详细，孩子就越容易执行。但实际上，假如家长真想让时间表奏效的话，就必须拿着时间表寸步不离地跟着孩子，监督他，而这根本不现实。

如果你给他制定的时间表几点到几点要完成什么，只要有一个没有按时间完成，其他的规划就都失效了。而任务的计划和执行是灵活的、可以监督的。任务具有可检查性、可验收性。

所以，时间管理最核心的误区是混淆了时间和任务的区别。

任务管理是比时间管理更高阶的管理方式。简单来讲就是，在最开始给孩子制定任务目标时，因为孩子不会分配时间，所以父母需要帮助孩子安排好每个时间段做什么，这个叫明确时间的要求，但孩子通常无法按照计划严格执行。使用任务管理后，父母只需要告诉孩子，哪几件事是他必要做的，他来分配时间完成就好。

像我女儿有一个专门的"时间管理本"。大多数家长所理解的时间表是 8:00—10:00 做语文作业、10:00—12:00 做数学作业……但在我女儿这个本里，她会把写语文作业、数学作业、英语作业等任务都按先后顺序列出来，在后面补充上时间。这个时间我不会去规定，但我会观察她列的任务分别需要多长时间，比如做数学需要一小时，一小时的完成度怎么样，和我预判的时间相差多少，我会根据这个时间，再来增加或减少她的任务难度。

所以，我的规则是制定任务，再用时间去考量，而不是先规定好时间，再在这个时间内去完成任务。

这样做的好处是能锻炼她的任务管理能力以及实践能力。任务完成后，我会让她统计一下所用时长。不同的任务，她完成的快慢不太一样。而同样的任务，她有时候完成得快，有时候完成得慢。我就会跟她探讨为什么快、为什么慢，慢慢地，她对自己的时间管理就会越来越精准。

除此之外，时间分配持有权也很重要。家长要了解哪些事情可以帮孩子做分配，哪些应该让孩子自由去支配。

这一步很多家长也常常会掉进一个误区：根本不清楚孩子在规定时间内对某件事完成得怎么样，全凭自己的意愿来分配。

一旦你只用"时间计划表"对孩子进行管理，孩子大概率会出现两种应对反应：能力比较强的孩子，你制定了一小时的学习任务，他半小时就能完成，但对他来讲，并没有什么好处，因为提前完成了就会获得更多的学习任务，所以他就会选择拖拉磨蹭；而能力比较弱的孩子，一旦在规定时间内完不成，他就会焦虑崩溃，或者是完成质量会下降。

举个例子，我女儿下午5点放学回到家以后，我会告诉她，8点之前你需要完成今天的学习任务，9点半准时上床睡觉。当然，在这之前，我们之间已经达成了关于时间管理的相关规则。所以，8点之前完成学习任务，这个是我的要求；具体怎么完成，是她的任务。而8点到9点半，这1.5小时是交给孩子自由分配的，我不会再去干涉她。无论她是看书还是玩游戏，或者画画，都可以。我和她明确了时间和任务分配的权利，而这也可以锻炼孩子自我支配时间的能力。

我女儿的"阅读管理"会分为两大类：**学习性阅读和兴趣性阅读。学习性阅读由我来管理，兴趣性阅读由女儿来管理。**

如果是兴趣阅读的范畴，她可能一个星期都没有看书，我虽然心里会很着急，但我也会克制自己不会去干涉，因为这个空间就是属于她的。我要做的就是：帮她选择更多课外读物，哪怕是漫画书，这些书也一定是她喜欢的，能勾起她的阅读兴趣的。而一旦涉及了学习性阅读这个范畴，我会要求她看一些文学类的书。

总结下来，任务管理也有几个重点注意事项需要规避：必须和孩子提前明确某项任务的执行落实，制定好任务标准，在这个过程中，并不是任务交给孩子后，家长就完全放手了，而是在任务执行过程中，家长协同推进。

家长对任务最终完成情况也要及时进行验收，就不恰当的地方进行调整和引导,做好"教练"角色。别忘记整个过程中,家长的情绪要始终保持愉悦。

做好任务管理,时间管理难以达成的魔咒也就不攻自破了。

家有藏书500本，
却仍然培养不出娃的阅读兴趣

场景

　　有些家里，书架上的书琳琅满目，什么好书都搬到家里来了，孩子却连看都不看一眼，家里每天都在上演"被动阅读"的戏码。而有些家里，家长就算只能在书店给孩子借阅书籍，孩子也能一读就停不下来。为何明明用尽心思却产生了反作用？如何帮孩子把阅读变成自觉行为？

　　据研究表明，家里有藏书500本的孩子比家中没有藏书的孩子平均多受6.6年的教育。这是一个相当具有说服力的数据，看似说明了一个规律：家里藏书越多，孩子越容易有高学历。

而我接下来要从阅读习惯与阅读兴趣的角度来剖析家有藏书多是不是一个孩子爱上阅读的必要条件。如果一个家庭有藏书 500 本，孩子却更讨厌阅读，那么问题出在哪里？

误区 1：
从未给孩子挑选图书的权利

我在讲课的时候，会给家长推荐一些书，被问到最多的问题是："三年级的孩子读什么书""五年级的孩子读什么书""男孩读什么书""女孩读什么书""10 岁读什么书"……家长往往会用这样比较大的标签，比如年级、年龄、性别来给孩子的阅读做区分，却忽略了一个最重要的点，在给孩子选书的时候，**到底是选他喜欢的，还是选他应该看的？** 家长的选书逻辑是，这本书是这个年级应该看的，就可以买回来。换句话说，你给孩子选回来 500 本他应该看的书，而不是他喜欢看的书，一点意义都没有。阅读的重点不在孩子应该读什么，而在他对什么书感兴趣。

养育规则：

让孩子自主选书，比家里有多少藏书更重要

"有效选书"是培养阅读兴趣的关键。从孩童时期，我们就要锻炼孩子做决定的能力，家长适度放权，让孩子能慢慢为自己的事情获得决定权，这对于培养孩子独立思考的能力非常重要。阅读更是如此，家长不应该剥夺孩子选书的权利。

我常常告诉大家：如果你不知道孩子喜欢什么类型的书，一定要利用好城市的图书馆、书店等开放的阅读空间。你就带他去书店，到了书店，告诉孩子："接下来的一小时，我们只在书店里看书，爸爸妈妈要看自己的书，你可以去选择你喜欢的书来看。"然后你注意观察孩子在书店里的行为，但是不要进行任何引导和评价。

什么叫引导？"孩子，你来看看这本书好像不错，你读一下。"什么叫评价？"你怎么看这么幼稚的书，这本不适合你。"

既不引导，也不评价，我们唯一要做的就是观察。观察孩子会选择什么类型的书。如果孩子有明确的喜好倾向，那么他会去选择他喜欢的读物。当他选不出自己喜欢读的书的时候，他会观察其他的小朋友在看什么，尝试去翻阅。

误区 2：
从未给孩子创造阅读时间

阅读时间直接决定孩子的阅读习惯。

我在以往咨询过程中发现，80% 的父母会把关注度放在给孩子选书上，付出了很多的精力。然而，在孩子阅读的过程中，却没有帮孩子制订一个良好的阅读计划。

有位幼儿园大班孩子的父亲找我咨询，希望孩子在上小学前培养好阅读习惯。我了解到他家孩子的 7 天日程安排，白天去幼儿园，晚上回到家后，有 6 天要上课外兴趣班，只有一天空闲时间，那一天还要去姥姥家或者奶奶家，孩子根本就没有阅读时间。

你可能会反驳我，虽然孩子兴趣班比较多，可他还有充分的业余时间去看动画片、玩积木等，为什么不能用这些时间去看看书？很简单，这些是孩子娱乐放松的时间。而在没有培养出阅读兴趣之前，看书并不是一件让孩子感到开心放松的事情。假设已经培养出阅读兴趣，那么他会主动用业余时间去阅读；如果没有，阅读对他而言可是一件"苦差事"。

养育规则：

从"有限的选择"开始，把时间化零为整

孩子越大，整块时间越少，碎片时间越多。聪明的家长都会为孩子拼凑阅读时间。怎么做呢？

《正面管教》这本书中有个亲子工具卡：**"有限的选择"。简单讲就是要给孩子提供有限的选择，而不是强制性地要求孩子。**培养阅读兴趣，这一招就很好用，但它并不是选 A 还是选 B 这么简单。

比如，我们来感受一下这两个问题：

问题 1："接下来一小时，你想出去玩还是在家看书？"孩子肯定选择出去玩。

问题 2："接下来一小时，你想写课外习题还是想看书？"孩子大概率会选择看书。

为什么？诀窍就在于大人在提供选择时，把自己期望的结果和孩子期望的结果画等号。如果所提供的两个选择都不被孩子接受，而孩子又进一步提出了新的选择，可以坚定地告诉孩子，没有这个选项，但请别忘了始终保持和善而坚定的态度。

以上办法，适合小龄一点的孩子。在孩子自主意识发育得更成熟后，家长的"小妙招"可能就失效了。那就完全没办法培养孩子的阅读习惯了吗？并不是。

要知道，选择和责任是相关联的。家长首先要引导孩子理解阅读给自己学习和成长带来的意义是什么，一旦孩子做了选择，便会承担起自己应该承担的相应责任。如果在孩子做出选择后，家长能对孩子的选择说一句"你决定"，这会让孩子更有力量感，同时也体现了选择是分享权利的细小步骤，强调了孩子确实有选择的权利，也让孩子明白，读书这件事是由他来决定的。慢慢地，孩子就学会了自我管理，并逐步养成阅读的习惯。

请始终记得，孩子阅读习惯的培养，由一点点琐碎的时间组成。所以，切莫心急，让孩子在短时间内就能变成"书虫"。

阅读并不是一种天生的本能，阅读的习得也绝非自然而然的事情。对于孩子来说，这是一个缓慢且艰难的过程，家长必须有意识地引导，放开心态，让孩子全身心投入阅读中，感受阅读的美好。家长应该助力孩子选择自己的热爱，由他亲手浇灌的玫瑰，才会被更加认真对待。毕竟在阅读这件事上，我们的终极目标是：让孩子享受其中。

孩子阅读习惯难养成，为什么？

场景

　　给孩子买了很多书，孩子却看5分钟就跑，家长只好"按头点读"，结果孩子更加讨厌阅读。孩子从来没有主动、完整地读完一本书，更别提阅读习惯的养成了。问题出在哪里？

　　早在50多年前，教育家苏霍姆林斯基就说过："**让孩子变聪明的方法，不是补课，不是增加作业量，而是阅读、阅读、再阅读。**"

　　为什么有的孩子貌似天生爱读书，有的孩子，家长用尽了各种办法，就是不爱读书？在过去十几年的时间里，我对很多家庭的阅读方式进行了采访和观察，发现那些不爱读书的孩子，他们的家长往往陷入了以下两个误区。

误区 1：
家长只会扮演孩子的"点读笔"

阅读不仅仅是"翻开书，念一遍"这么简单。孩子不爱阅读，家长首先要思考的是，孩子是否拥有愉悦的阅读经历，他有没有怀抱着好奇走近一本书。

我曾经跟一位家长深聊，她认为，孩子不爱读书，是因为书选得不对。一本不行，再换一本。一来二去，钱花了不少。我问她为什么这么认为，她说："书换了一箩筐，故事讲了一大堆，孩子就是不爱啊。"于是她总结出两个原因：第一，书的问题，绘本没选对；第二，孩子的问题，天性使然。实际上，这件事真正的责任人应该是家长。我们常常会有一个错误做法：孩子不喜欢听，不喜欢读，我们就去责怪孩子。其实应该考虑一下，作为阅读主导人的我们，所用的方法是不是不够有吸引力，孩子的阅读体验是不是不够好。

我们拿绘本举例，很多家长在亲子阅读的时候，不厌其烦地扮演着"点读笔"的角色。什么是"点读笔"？就是把绘本上的文字念一遍，好，任务完成。但实际上，绘本有两个必不可少的部分：**图画和文字**，但大多数家长往往只关注到文字，为了赶时间，或者不会自由发挥，孩子听到耳朵里的就是机械的"点读音频"。而绘本最大的魅力在于图画，作者在图画里留有充分的空间，让家长能有和孩子互动的机会。就亲子阅读来说，最近几年的研究都显示：**讲解绘本中的图画，对孩子的语言发展至关重要。**

除此之外，图画的重要性还体现在锻炼孩子的视觉理解能力、辅助提高孩子的脑思维能力、锻炼孩子的细节提炼能力等方面。所以，家长在陪孩子阅读时，一定要想办法去激发孩子的想象力，让他在阅读中发挥更多主动性，找到更多乐趣。我和女儿读绘本的时候，一本书我们能一起"编造"出五六个不同版本的故事。

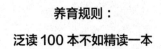

养育规则：

泛读 100 本不如精读一本

家长在陪伴孩子阅读时，如果只是充当"点读笔"的角色，没有兴趣指引，更不懂阅读方法，那孩子是很难形成阅读习惯的。在我看来，与其泛泛地给孩子读 100 本书，不如陪着孩子一起把一本书读透。

1956 年，美国著名心理学家、教育家本杰明·布鲁姆发表了文章《教育目标分类：认知领域》，将认知领域的教育目标分为六个层次，从下到上像一个金字塔，金字塔最底下是最简单的教育目标——**记忆，对应最简单的认知层次，往上依次是理解、应用、分析、评价和创造。**

认知领域的教育目标分类

每往上一层，孩子的认知就提升一层，思考也深入一层。所有家长都希望孩子的认知能力能逐级攀升，对应到阅读这件事上，就是要**培养孩子的阅读方式从"浅层阅读"逐步切换到"深度阅读"**。

深度阅读的关键在于孩子能否带着问题、带着批判性思维去阅读。我就用这六个层次，带家长搞定孩子的阅读兴趣培养难题。根据这六个层次，家长可以提出层层深入的问题，让孩子从最简单的记忆逐层升级到应用，最终到创造。我们以陪孩子读绘本来举例。

第一，记忆。当你陪孩子一起阅读的时候，可以尝试使用几个关键词：谁（who）、什么（what）、哪里（where）、什么时候（when）、怎样（how），帮助孩子回忆关键信息。比如，故事发生的时间和地点是什么？故事是以什么情节开始的？你能在书中找到其他细节吗？

第二，理解。可以使用关键词为什么（why），帮助孩子进一步思考，深入理解故事。比如，为什么主人公不开心了？这说明了什么？

第三，应用。这层的关键句是：遇到这种情况，你觉得该怎么办？引导孩子把学到的知识和经验运用于具体情景中。比如，问孩子，你有没有故事里相同的经历？

第四，分析。这层的关键句是：你的想法与故事中的主人公一样吗？说出你的理由。帮助孩子分析他掌握的信息，然后结合他自己已有的知识储备，得出结论，并收集证据来支撑他自己的观点。

第五，评价。 引导孩子对故事中的人物或事物做出全面、深入的评价。你认为 × × 是对的还是错的？为什么？

第六，创造。 这层可以使用的关键句是：有没有其他可能？可以请孩子创编新的情节，创造不同的结局。还可以问：故事里提出的观点对你有影响吗？为什么？是怎么影响你的？

其他种类的书也可以应用这种方法。以上层次和问题不一定都要跟孩子提，可以根据孩子的阅读理解水平灵活运用。

就亲子阅读绘本的讨论来说，若能和孩子达到这六个层次，可以说是一次非常了不起的阅读了。只有养成这样深度阅读的能力，孩子才能更容易养成阅读习惯。

误区 2：
家长认为阅读就是学习

"很多孩子上了小学三四年级还是只爱看漫画，这样是不是不好啊？"这个问题我经常被问到。很多家长认为，三四年级阅读的书就应该是与学习相关的。我必须强调的是，阅读不等于学习。

比如，历史类的漫画或者课外书，孩子本来挺喜欢看的，但是等孩子看完，你却要去考他，甚至让他背下来，慢慢地，孩子越来越不喜欢阅读。另外，关于识字部分，一二年级的孩子，他能认识课本上的每个字是理所当然的，因为那是他的学习任务，但课外读物不必要求孩子每个字都认识，第一，没有这个必要，只要他能认出 60% 以上的文字，就不会影响阅读理解；第二，硬性要求会让孩子对阅读产生抵触情绪。

在这里要特别提醒一下，有很多家长给孩子选择带拼音的阅读材料，目的是假如孩子有不认识的字，可以自己去看拼音，其实这个想法真的是家长的一厢情愿。实践证明，大部分孩子即便遇到不认识的字，也不会去看拼音，除非不认识的字超过了 40%，影响了正常阅读。

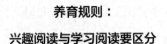

养育规则：

兴趣阅读与学习阅读要区分

兴趣阅读一旦加入学习目标，兴趣就会大打折扣。为什么会这样？我们先来区分一下什么是兴趣阅读，什么是学习阅读。

兴趣阅读分为两种，**一种是普遍阅读兴趣**。我们在阅读过程中能够找到让自己愉悦的部分，或许来自故事情节，或许来自内容的表现形式，比如漫画，有些孩子看到这种图文结合、轻松有趣的书，就会非常感兴趣。

还有一种是垂直阅读兴趣。比如很喜欢天文的孩子，他可能会看一些与天文学相关的书；很喜欢恐龙的孩子，爱看与恐龙研究相关的书。

我女儿今年二年级，对漫画书非常感兴趣，像《植物大战僵尸》系列、《荒野求生科普漫画书：马达加斯加寻宝记》系列、《半小时漫画中国史》系列等，她并没有培养出某一个垂直领域的阅读兴趣，但是她拥有普遍阅读兴趣。**兴趣阅读本身就不是学习的过程，它主要是为了让阅读者享受读书过程本身。**

带有学习目的的阅读叫学习性阅读，比如，我要学数学，就读数学相关的书；学语文，就读语文相关的书，这是专项性学习。再比如，孩子学了某篇课文，要会总结，甚至要背下来，这种阅读属于学习性阅读，主要目的是为学科学习助力，不是用来培养孩子的阅读兴趣的。

有的孩子非常喜欢看《猫武士》或者《斗罗大陆》等小说，这是他的阅读兴趣，它们虽然不是学习类的书籍，但同样可以提高孩子的阅读速度、阅读理解能力、文学鉴赏水平。虽然这个不直接体现在提高学习成绩上，但对孩子的长远发展是有益处的。但如果你用学习的方式去要求他，比如，你对孩子说："你给我说说这本小说的中心思想是什么，给我背一背这些小说里印象最深刻的句子。"那你的这种行为就会破坏孩子的阅读兴趣。

　　看到这里，可能有家长会问，那就任凭孩子爱读什么读什么，学习阅读一点都不抓了吗？也不是的。

　　我女儿两三岁的时候开始接触阅读，我们一起阅读，四五岁的时候她开始尝试独立阅读，在七八岁，也就是一二年级的时候，她已经能完全独立阅读。她一直喜欢读漫画书，因为漫画可以给她带来快乐，我很理解。跟大多数家长一样，我也希望她能多看一些学习类的书。于是，我跟她做了一个权责归属，我们把阅读分为两部分，属于她做主的那部分是兴趣阅读，她愿意看什么就看什么，与此同时，我也会给她选择一些文字类的图书，这部分由我管理。印象很深的是她在一年级暑假的时候，我给她选了一套书叫《妖怪客栈》，一套是 6 本，要求是在暑假期间读完。

你可能会问，这两者有什么区别呢？很简单，所占用的时间是不一样的。她感兴趣的那些书，她可以在她安排的时间里自由选择，而我给她规定的这些书，是在我能够安排的时间里去要求她进行阅读。

对于家长来说，一定要把孩子的兴趣阅读和学习阅读区分开。而对于孩子来说，这两种阅读是并驾齐驱的马车，缺一不可。先从兴趣阅读下手，逐步培养起孩子的阅读习惯后，学习阅读的难题也会迎刃而解。

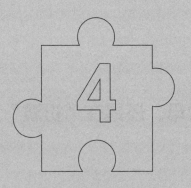

亲密关系篇

你是父母，还是在"扮演"父母？

场景　　很多父母认为自己和孩子的血缘关系不可分割，但实际上亲子关系包括身份关系和情感关系，身份关系不会变化，而好的情感关系是需要时间和方法来培养的。

误区：
好的亲子关系是天生的

好的亲子关系并不是天生的，除了已经确定的身份关系，应该更关注亲子之间的情感关系。很多人总以为血浓于水，父母与子女之间的感情是天然生成的亲情，但其实并不是如此。

一对父子，从生物学遗传角度来讲，他们的身份关系是爸爸跟儿子，但是他们之间的情感关系很紧张，说明他们之间并没有很好的感情链接，这就是我们常说的亲子关系很差。而好的情感关系一定是培养出来的。

> **养育规则：**
>
> **建立高质量亲子关系的三个关键要素**

想拥有良好的亲子关系，父母需要注意**三个关键要素**，对应孩子不同成长阶段的不同需求。

第一，尽到父母照顾孩子的职责，让孩子充分依赖你。

在孩子饿了、累了、受伤了、生病了的时候，第一时间去照顾他的那个人，是他最依赖的人。家长在照顾孩子的时候，实际上也是在培养自己跟孩子之间的亲子关系。家长对孩子的照顾越无微不至，孩子对家长的依赖就越深，情感羁绊也就越深。

这种方式适合年幼的孩子。孩子在三四岁之前，对家长可以说是百分之百地依赖。但是随着孩子年龄的增长，孩子的能力也在逐渐增长，七八岁之后，对父母的依赖就会逐渐降低。他甚至会认为有时候父母的照顾是一种累赘。当他不想吃饭你非得让他吃，他不想穿衣服你非得让他穿的时候，会让他产生反感和逆反心理。所以，这个时候加强亲子之间关系的纽带也要适当发生变化。

第二，尽可能满足孩子正当的需求。这种满足更多的是一种物质层面的满足。比如，孩子想要什么玩具，想吃什么东西，家长尽量去满足，这样很容易跟孩子变得亲密无间。但这种方式也是不能持续的。当孩子想要一个冰激凌时，家长很容易就可以买到。但是当孩子想要一个奢侈品包包、上最好的学校时，家长是否还能满足呢？很难。

以上两种方式可以快速建立良好的亲子关系，但这两种方式的局限性也显而易见。尤其是孩子长大后，很难仅仅通过这两种方式来维护亲子关系。所以，聪明的家长要重点打造第三种亲子关系模式，并且随着孩子的成长，这种方式会让你们之间的关系更加紧密。

第三，高质量陪伴。

一起做让父母和孩子共同感受到愉悦、放松的事情，都可以定义成"高质量陪伴"。

　　每个孩子感受快乐的方式不尽相同，男孩可能喜欢运动，女孩可能喜欢过家家、听故事。不管孩子喜欢什么，学前阶段是建立亲子关系的黄金期。我们所说的高质量陪伴，是能让双方产生精神上的愉悦感的陪伴，而不是家长仅仅跟孩子待在同一个空间内就可以。孩子在写作业，家长在一旁刷手机，这种陪伴没有产生互动，也并不能给孩子带来快乐，是无法让孩子和父母之间的情感关系变得深厚的。

　　当你全身心地融入孩子的世界，与孩子一起分享他的喜怒哀乐，用尊重、理解、支持来加强互动，感知孩子的情绪时，这种共情就可以让家长和孩子建立起长久亲密的关系。

　　最好的老师是父母，最好的教育是陪伴。父母和孩子之间，身份关系是天生的，但感情是需要用心浇灌的，随着时间流逝，你会发现，你的孩子不仅仅是你的孩子，还会是你最亲密的朋友、最坚定的伙伴、最让你感到不可思议的人生老师。

"无条件的爱"是一个陷阱

场景

　　无条件的爱是一种教养方式，达不到这种境界，即便父母使出浑身解数，也仅仅是治标不治本，频频掉入误区，对孩子无条件的爱最终演变成情感绑架。那么，真的存在"无条件的爱"吗？

　　近几年，越来越多的孩子心理健康出现问题，甚至有一些极端事件发生。在这样的背景和前提下，"怎么爱孩子"成了很多父母的"超纲考试"。

在父母圈里，甚至很多育儿书里都在传播着一个概念——**无条件的爱**。顾名思义，父母对孩子要无条件地爱，无条件地接纳。很遗憾，这种无条件的爱是不存在的，真正存在的是适合条件下的爱。

"你怎么对我都无所谓，我就是爱你"，这只是父母的理想状态，并不符合现实情况。从现实意义上来讲，我们给予别人的爱多少会取决于对方会给我们什么样的反馈。在家庭教育里，我们谈论所谓无条件的爱，其实是要求父母把控好条件的适度性。我们不能拿孩子考试考第一名作为爱他的理由，但是孩子起码要尊重父母，遵守基本规则。爱应该是双向奔赴的，并不是单方付出。

误区 1：
无条件里藏着"特殊条件"的隐患

对于"无条件的爱"的理解，有位专家举过一个例子："你养一只宠物小狗，是因为喜欢小狗，并不是为了让小狗去参加比赛，也不是为了让小狗赚钱，更不是为了让它将来能养你。你心甘情愿地养小狗一辈子，这种情感链接可以被称为无条件的爱。"

听到这儿的时候，我会有一个疑问，如果你养的这只小狗对你特别不好，它不咬别人，只咬你，谁爱它它就咬谁，反而跟其他人很好，你叫它回家，它不回，其他人一叫，它就跟着别人走了，在这种情况下，你会不会喜欢这只小狗？我想大概率不会再继续养它。所以你看，虽然主人对它没有参加比赛、赚钱的要求，但是会对它有忠诚的要求，有亲密关系的需求。

那么，这种关系上的需求本身也是一种特殊条件的爱。

换作亲子关系也是如此，父母往往对孩子是有各种需求的。

父母最大的问题就是总爱和孩子讲条件。父母向孩子提供一定的爱，但期望自己爱的投资能得到某种回报。在养育过程中，经常陷入"非0即1"的判断误区。意思是，如果孩子能满足家长的要求，就是好孩子，父母就会爱他，反之就不是好孩子，就得不到父母的爱。

而无条件的爱的本质是，不管孩子能不能满足要求，回报你的付出，你都应该去爱他。只不过在养育实践中，**这种无条件的爱里常常藏着"有要求"的隐患，并无法达到无条件的爱，从而产生爱的偏差。**

养育规则：
适度条件地爱，有原则地教

美国知名育儿专家艾尔菲·科恩在《无条件养育》一书中提出："有条件养育和无条件养育的区别在于，家长对于孩子的爱到底是出于'他们做了什么'，还是因为'他们是谁'。"

所以，怎么表达对孩子适度条件的爱呢？

真正要给孩子的是有规则、有力量的爱，让孩子知道，无论他是聪明的还是愚笨的，是成功的还是失败的，都不会影响你爱他的事实。但是也要让他知道，暴力的、懒散的、拖延的、粗鲁的他，会让父母感觉失望。具体来说，分为以下几个方面：

1. 尊重孩子的独立人格。 无条件的爱是建立在平等基础上的，要把孩子当作独立平等的人来对待，而不是父母常常处于主导地位。

2. 倾听孩子真实的想法。 有倾听，才有指导。这个过程，便是教育和爱。

3. 无条件地爱，有原则地教。 家长只让孩子享受无约束的爱，却不提供有原则的教养，是最失败的教育。最好的亲子关系，没有附加条件，但有规则。

让孩子知敬畏、懂进退、守规则，给他温暖的有爱的人生底色的同时，让他在规则之内，积极向上，自由成长。

这是对他的一种无条件的爱，但同时也是一种有原则的保护。

误区 2：
无条件代表没有任何规则

在我们父辈那一代眼中，无条件地爱孩子就是孩子可以不遵守规矩，过度宠爱。比如，怕孩子累，就不让他参与家务；怕孩子委屈，就把家里最好的东西都留给他。

这样没有任何规则的爱，同样是"无条件的爱"的一种陷阱。

有一次我跟一位来咨询的家长聊天，他给我讲了一个小故事："我们全家一起吃饭，我姐点了一条鱼，她自然而然地把鱼头的部分切下来给了我妈。她认为我妈爱吃鱼头，但这个鱼头不是那种胖头鱼，是很普通的没什么肉的鱼头。我姐夫在旁边很诧异地说：'咱妈怎么可能爱吃这种鱼头？'我姐就解释一番：'不是，妈真的很爱吃鱼头，从小到大，我们家的鱼头都是我妈吃的，妈说就爱吃鱼头。'"

听到这里我就在想，这到底是这位母亲教育的成功，还是她教育的失败？

我们都愿意把更好的东西留给孩子，但是对于孩子来说，他真的能够理解家长的真实意图吗？

就比如分鱼这件事，这条鱼由父母来分配，分给自己的都是鱼头鱼尾，把中间最好的鱼肉都留给孩子，但为什么孩子误解了这样的爱？

因为这种所谓的"无条件的爱"，是没有意义的过度宠溺，而不是真正的爱。

> **养育规则：**
>
> **温柔且坚定，独立且平等**

有一句很经典的话："**所有的父母都觉得孩子欠自己一句谢谢，所有的孩子都觉得父母欠自己一声道歉。**"

这样的结果，恰恰就是因为爱的不平等导致的。

什么叫平等的爱？

1. 父母应该让孩子了解，他们在用什么方式爱孩子。

2. 父母应该对孩子提出要求，但一定是合理化的要求。 比如，你非得让他考上清北，才算是对父母好的回馈，这是一种不合理的要求。但是，如果你要求孩子能够体谅父母的辛酸和不易，这就是合理的要求。

可真正在孩子成长的过程中，什么时候才第一次去给家长做爱的反馈呢？可能是老师提要求时："你今天的任务是回去给自己的爸妈端一盆洗脚水。"

其实家长完全可以自己去和孩子提出类似的合理的要求。比如在学习上，我女儿一二年级的时候，因为她还不具备自主意识，所以我会跟她说："你学习其实就是爱父母的一种方式。"我也会大大方方地跟她聊："爸爸爱你，爸爸希望你能够开心，所以爸爸会给你讲故事，会陪你玩玩具，给你买东西，那你爱不爱爸爸？"她会说："我也很爱爸爸，我也很爱妈妈。"再聊深一点，我会问她："你会通过什么方式让我和妈妈开心？"这些都是合理化的需求。

所以，无条件的爱，不光是父母对孩子付出的爱，更多的是，父母在提供爱的这个过程中，让孩子学习什么是爱，如何去接受别人的爱，如何去爱别人。

"无条件的爱"是爱的态度，"有规则的爱"是爱的方法。

当我们在向孩子表达爱时，请记得做到"温柔且坚定，独立且平等"。哪怕批评，也要让孩子感受到：无论你好与坏，我都愿意和你一起成长。

夫妻陷入"猪队友"误区，
亲子教育有隐患

场景

很多夫妻常常抱怨说家里有个"猪队友"，让自己心累，在孩子教育上不帮忙就算了，还常常拖后腿，感觉自己和"丧偶式育儿"没什么区别。言外之意，家庭教育出了问题，都是"猪队友"造成的，但凡对方靠谱一点，自己可以轻松很多，孩子的教育也能大有成效。

很多家庭特别容易把夫妻本身的矛盾转嫁到育儿问题上。如果没有搞清楚矛盾背后的真正原因，走入认知误区，不仅会让对方莫名其妙就当了"背锅侠"，还会掩盖亲子教育中的其他问题。

误区：
背锅的"猪队友"

如果你常常责备伴侣对孩子教育不上心，是"猪队友"，不妨先问自己一个问题：在没有孩子的情况下，你和爱人的感情好不好？

要知道，夫妻二人来自不同的原生家庭，有不同的思维方式，所以在相处中出现矛盾是很正常的事情。如果两个人本身感情一般，只是一方习惯了忍耐，或者彼此交集较少，矛盾表现得并不明显，一旦有了孩子，两个人在教育孩子时产生大量交集，矛盾就会被激发放大。

这个时候，如果不回归问题本身，而一味指责对方不关心孩子，是"猪队友"，只会加剧彼此的矛盾和争吵，让家庭氛围进一步恶化。如果是这种情况，建议先把夫妻之间亲密关系的问题处理好，再讨论孩子教育的问题。

但如果夫妻双方平时感情不错，只是涉及孩子的教育时就会爆发冲突和矛盾，这就是家庭教育的范畴了。

举个例子，孩子平时考试都是 90 多分，期末只考了 82 分。站在妈妈的角度，她会认为孩子退步了，很着急地制订学习计划，希望带着孩子查漏补缺，把学习成绩提起来。但是，站在爸爸的角度，他会认为，孩子已经学习了一年，非常辛苦，所以就给孩子制订了暑期出游计划，想让孩子好好放松一下。当妈妈看到爸爸的表现，就会很生气，认为爸爸就是"猪队友"：孩子的学习退步了，你不关心，不想着给孩子好好补课，还想带孩子出去玩，这是对孩子不负责任的表现。而丈夫也会很委屈，觉得自己明明关心孩子，为何还要被指责。夫妻二人由此爆发激烈的争吵。

这样做，会对孩子产生什么影响呢？孩子要么认同父母其中一方的做法，学会看眼色和钻空子，要么会觉得是自己导致了父母吵架，变得自卑和压抑。无论是哪一种结果，相信都不是父母想看到的。

日常生活中，很多夫妻教育孩子时还存在一种情况，就是大的价值观一致，但是分工不同。比如，妈妈擅长语文，那就全权负责孩子的语文辅导；爸爸擅长数学，那就全权负责孩子的数学辅导。或者是爸爸负责辅导孩子学习，妈妈则负责照顾孩子的日常起居。

原本这种分工是夫妻各司其职，既能避免冲突，也能提高效率，更好助推孩子成长。但为什么还是会出现矛盾呢？根源还是出在分工模式上。

大家先想一想，做好分工之后，你们是否会习惯性地认为：属于自己的分工，我就全力以赴做好；而不属于自己的分工，那我就不用管，交给另一半就可以了。如果是这样的话，那么大家的分工就变成了"0"和"1"，某件事要么我完全负责，为"1"，要么我完全不管，为"0"。

比如，妈妈负责辅导孩子的语文作业，那么妈妈面对这件事就是"1"，而爸爸完全不用管，就是"0"。从权责明确的角度来讲，这本身是一种好的分工模式，因为如果爸爸觉得妈妈辅导得不好，也要参与进来，那么就会出现和妈妈做法相左的情况，夫妻矛盾就会由此产生。并且，孩子会发现自己的语文作业有双重领导，不知道到底该听谁的，感觉特别困惑。这个时候，妈妈就会很自然地觉得丈夫在添乱，是"猪队友"。

养育规则：

创建"家庭合作式教育"，把"猪队友"变成得力助手

夫妻关系是家庭关系的核心，如果夫妻关系不好，容易导致家庭出现各种矛盾，给孩子带来负面影响。当育儿观念产生分歧时，双方要先冷静下来想一想，当下自己的埋怨是源于夫妻本身就存在的矛盾，还是夫妻在教育孩子时发生的冲突。

如果是前者，那么需要处理的就不是家庭教育的问题，而是夫妻之间的关系问题。只有把夫妻关系处理好了，才不会在教育孩子时借题发挥指责对方是"猪队友"。

我们需要明白，对方并不是故意和自己对着干，也不是拖后腿，而是希望孩子好，两个人的出发点是一样的。之所以会出现矛盾，根本原因是夫妻之间的价值观和判断标准不同。

对于孩子考了 82 分这件事，可能妈妈认为孩子成绩急速下降，无法接受，就想给孩子补课。而爸爸则觉得 82 分还不错，属于优良水平，带孩子出去玩一趟，放松一下，蓄能之后再发力。说到底，父母分别在用自己的价值观来判断这个成绩，并选择自己认为更好的方式来关心孩子。

还有些家长认为孩子必须考"985"大学才是优秀，但他们的另一半可能会觉得，只要孩子能够快乐成长，上一个普通的大学也很好。我们不能说谁的想法是对的，谁是在给孩子拖后腿，这只是家长各自的价值观不同而已。

说到这里，相信大家都明白了，**夫妻之间的价值观是否统一，会影响双方在教育孩子时观念是否一致**。我的建议是，当孩子还小的时候，夫妻之间要多沟通多协商，比如对孩子抱有什么期待、希望孩子未来如何发展等，要统一彼此的价值观，做到大方向上一致。只有这样，才能在教育孩子时求同存异，避免冲突。

对于双方的分工模式该怎么处理呢？先声明一点，在管理上，"0"和"1"的分工模式是没有问题的，某件事要么是我全权负责，要么是我完全不管，这样可以有效避免冲突。但是，家庭教育不是企业管理，不是非黑即白的，除了管理上的"0"和"1"，还需要增加一个情感维度。

接着前面辅导孩子语文作业的例子来看，爸爸怎么做会更好呢？**妈妈辅导孩子时，爸爸不要插手，但是要在情感上给予关注。**比如，孩子的语文学习由妈妈来负责，那么孩子每天该做什么作业，具体怎么提高成绩，这些可以由妈妈说了算。但在这个过程中，爸爸可以帮妈妈一起出谋划策，当爸爸觉得妈妈的辅导方向有问题时，也可以和妈妈沟通进行调整，或是充当妈妈的啦啦队，给妈妈加油打气。整件事的主导权在妈妈手里，但是爸爸也需要参与其中。

总而言之，当一方埋怨另一方是"猪队友"时，可以冷静下来想想，究竟这是自己对夫妻感情不好的抱怨方式，还是由于夫妻价值观不一致导致的矛盾，或者是分工时出现了一些冲突。只有找到真正的原因，才能针对性地解决问题，最终夫妻形成合力，把"猪队友"变成自己的得力助手，一起引导孩子发展。

家长的坏情绪是如何影响孩子的？

场景

　　父母常把自己的坏情绪发泄到无辜的孩子身上，有意无意地将自己的挫败、无能、压力施加给孩子，让弱小的孩子成为父母坏情绪的埋单者。孩子对这种坏情绪非常敏感，父母处理情绪的方式会直接影响到孩子的性格。

　　人有坏情绪是很正常的，也是无法避免的，我们不应该武断地指责父母的坏情绪。但如果身为父母，你的情绪影响到了孩子，这时候，你就需要对自己的情绪进行疏导和管理了。

误区：
被自己的情绪干扰，对孩子提出不合理要求

举个例子，孩子数学考试错了 10 道题，其实我们知道应该通过什么方式去帮助孩子，比如，带着孩子查漏补缺，提醒孩子多做练习，等等。但是我们很生气，觉得孩子不应该错这么多，我们被愤怒冲昏头脑，没有按照之前预想的方式去辅导孩子，而是对孩子进行指责和打骂，这就是坏情绪对我们的行为造成的干扰。如果我们能管理好情绪，回到辅导孩子数学这件事上来，那么孩子的学习效果肯定会更好。

遗憾的是，在日常生活中，很多家长都没有意识到这一点，管理孩子时总容易带上自己的情绪，而不是遵循原有的、稳定的规则。

养育规则：

正确接纳情绪的产生，科学做好情绪表达

什么是规则管理？比如，家里的规则是孩子玩手机的时间一次不能超过半小时，无论谁在什么情况下来管理孩子，都应

该遵守这个规则，这就叫规则管理。

但现实中很多情况是，今天爸爸在公司受到表扬，领导要给他涨工资，特别开心，回家以后发现孩子玩手机已经一小时了，他没有制止，而是说"没关系，多玩一会儿"。等到第二天，爸爸发现自己并没有涨工资，心里很生气，回家发现孩子玩手机，就把情绪发泄到孩子身上，批评孩子，甚至打一顿。这样的管理方式，就是情绪管理。这种方式会让孩子感觉到混乱和困惑，不知道自己为何前后两天明明做了一样的事情，却遭到爸爸的相反对待。所以，家长一定要避免用情绪来管理孩子。

要做到这一点，首先，要思考一下，**我们的情绪是如何产生的？**我们能不能控制自己产生某一种情绪或者不产生某一种情绪？这里给大家分享一个"情绪 ABC 理论"，是美国心理学家埃利斯提出的，A（activating event）代表诱发事件，B（belief）代表个体对诱发事件 A 的认知和评价，C（consequence）代表继诱发事件后个体的情绪反应和行为结果。该理论指出，情绪或不良行为不是由某一诱发事件本身所引起的，而是由经历了这一事件的个体对这一事件的解释和评价所引起的。也就是说，诱发事件只是引起情绪及行为反应的间接原因，而直接的起因是人们对诱发事件所持的信念、看法、解释。当人们坚持某些不合理的信念，长期处于不良的情绪状态之中，最终将会导致情绪障碍、情绪郁闷和拥堵的产生，从而做出一些不正确的事情。

举个例子，家长一看到孩子玩手机就非常生气。这里的孩子玩手机是 A，代表诱发事件；家长生气就为 C，代表情绪。为什么看到孩子玩手机就会生气，这中间有一个 B，代表家长的认知。家长认为，孩子玩手机会影响学习。根据情绪 ABC 理论，家长再次遇到这种情况，怎么才能不生气？其实就是要改变自己的认知，可以告诉自己：孩子学习之后应该有适当的休息，玩手机可以理解和接受，当你的认知改变，情绪也跟着改变，就不会那么生气了。

类似的场景有：看到孩子考试成绩不是最高，只是平均分时，我们可以告诉自己，平均分不是最低分，只要我引导孩子找到方法，查漏补缺，孩子就能有进步。如果孩子成绩很差，也说明他的进步空间很大，只要帮孩子找到方法，他的成绩就可以追上来。

所以，同样的刺激，我们可以通过调节自己的认知来调整自己的情绪。

但也有很多时候，我们确实改变不了自己的认知和情绪，比如看到青春期的孩子抽烟，即使再怎么试图理解，家长内心的愤怒都很难掩饰和控制。当情绪产生了，无法控制，那就需要用合适的方式去表达情绪。

有的家长会直接告诉孩子，自己现在很生气，这个做法是可以的。当我们无法避免负面情绪的时候，可以先让激动的情绪冷却一下，再和孩子沟通。而有的家长会打骂孩子，这种做法是不可取的。不管我们是开心还是生气，是焦虑还是忧伤，我们都可以把自己的情绪告诉孩子，这是让孩子了解情绪的时机，也能拉近亲子关系。但是我们不应该把孩子作为发泄情绪的工具。

在情绪的管理方面，家长要做到两个关键点：一是尽量控制并接纳自己情绪的产生；二是当情绪产生后，时刻告诉自己要表达情绪，而不是发泄情绪。表达情绪只是告诉孩子"你看，因为这件事情爸爸很生气，你以后不要做这样的事情"，是为了让孩子反思，纠正错误行为；而发泄情绪是为了降低自己不好的感受，让自己舒服，并不是为了教育孩子。

亲子沟通的两大深坑：命令和说服

场景

　　孩子越大，越不知道怎么跟他说话了，只要家长一开口，孩子不是沉默就是激烈反抗。从无数咨询案例中，我发现，存在这一困惑的家长，常常打着沟通的"幌子"试图命令或者说服孩子按照自己的意愿行事，结局就是父母不理解孩子为什么"沉默"，孩子抱怨父母"专制"，沟通通道彻底关闭。这样既不利于孩子健康成长，也不利于建立良好的亲子关系。那么如何与孩子实现有效沟通呢？

你有多久没和孩子好好沟通了？当孩子越来越难沟通，当他回到家把房门一关，其实就意味着也关上了与父母沟通的心门。这种场景经常发生在孩子10岁以后，很多家长认为，是孩子到了青春期，开始叛逆了，所以不愿意沟通。其实不是的。

我在这里要跟各位家长明确一下"青春期叛逆"和"青春期沉默"是两码事，沉默往往比叛逆更可怕。

误区：
用命令和说服代替沟通

我在咨询过程中注意到，很多家长在孩子12 ~ 16岁时基本没和孩子进行过真正的沟通。

下面这个场景你或许也很熟悉。孩子放学回到家，看到妈妈说："妈妈，我想出去玩一会儿。"妈妈说："不行，你要先去写作业。"孩子说："我就去玩一会儿，一会儿就回来。"妈妈说："快去把书包放下，写作业！"然后孩子还想说什么，妈妈眼睛立起来了，眉毛也竖起来了，音量也提高了："快去写作业！"孩子就不情不愿地去写作业了。像这样的场景，在一些家庭几乎每天都在上演，很多家长就把这种对话定义成

"沟通"。

而实际上，这只是一个命令的过程。换句话说，家长在跟孩子交流的过程中，大部分时候使用的是命令的方式，提出要求，让孩子去满足。那么问题来了，假如孩子不服从怎么办？

不服从没关系，家长说这个时候要跟他沟通，于是就会花很长时间跟孩子说，"你回家以后如果先去玩了，回来就很累，没有精力写作业了。要是你先把作业完成了，就可以安心去玩了"。家长给孩子讲各种道理，直到孩子同意先写作业。很多家长会认为，这个过程就是在跟孩子沟通了。

对不起，这也不叫沟通，这个过程叫说服。

相比命令来讲，家长在说服孩子时确实花费了更多时间，也和孩子进行了交流，但是从结果来看，孩子还是需要服从要求，说服只是把这个要求变得更加软性了一些。

> **养育规则：**
>
> **真正的沟通在于对结果保持开放的心态**

命令、说服和沟通这三者之间最大的区别是什么？

沟通较前两者最大的区别是：**它的结果是不唯一的。**

回到刚才的例子，孩子回来说"我想先出去玩"，妈妈说"你应该先写作业"，这个时候孩子可能会说出很多要先出去玩的理由，妈妈的回应也不尽相同，两个人把这些理由汇总在一起，最后得出一个双方都能接受的方式，这才是一个双向沟通的过程。最后的结果，孩子也许会听妈妈的话，先写作业，妈妈也可能会听孩子的理由，同意孩子先去玩。如果结果只能是其中一方认为的唯一状态，这不是沟通，而是说服。

那么，如何进行有效的亲子沟通？记住两条规则：

1. 对沟通结果保持开放性的心态。

当然，这并不是说在孩子成长过程中，所有事情都要经过充分沟通，达成共识才执行。比如关于孩子要不要学习、孩子要不要孝顺父母这类原则性的事情，就是不需要沟通的，这是孩子必须做的事。但是很多其他的事情，是可以有不同答案的。比如，家长认为每天给孩子 20 分钟玩手机就够了，而孩子认为应该玩一小时，那么经过一番沟通，最后得出的结论或许是40 分钟，或许是其他结果。在这个过程中，家长要明确规则，什么事情是可以通过沟通来解决的，什么事情是必须遵守和执行的。

沟通的关键在于允许第三种结果出现。家长要始终保持开放的态度，这期间没有标准、没有偏向、没有评判，更没有预设的结果。很多家长常常打着沟通的"幌子"试图命令或者说服孩子按照自己的意愿行事,孩子当然会极力反抗这种"沟通"行为。长此以往，不仅问题得不到解决，亲子关系也会进一步恶化。

2. 把握好沟通边界，用平等合作代替命令。

沟通既不是命令，也不是说服，而是父母和孩子之间通过交流彼此的意见，对某件事的看法达成一致，进而实现平等合作。唯有尊重规则，遵守彼此的边界，才有可能实现。

沟通的边界要把握好，把孩子当成自己的合作者，而不是指令执行者。用平等的姿态对话，才更容易和孩子在心理上共情，当孩子在心理上把你视作伙伴后，就更容易和你探讨他的感受了。

想要和孩子的沟通更为有效融洽，父母需要掌握一定的沟通技巧。

给你分享一个非常实用的沟通法则——55387 定律，该定律是由美国心理学家和传播学家艾伯特·梅拉比安提出的，即55%+38%+7%=100%，其中 55% 体现在外表、穿着、仪容、沟通的态度上，甚至包括动作、表情等，你的仪表决定着你的沟通效果；38%是讲话时的语气、语调、肢体语言等，这里可以回想一下孩子每次哭闹时自己是什么情绪和口吻；7%才是说话的内容。如果55%和38%都没管理好，7%根本输出不了。

比如，妈妈大喊："赶紧把电视关了，马上去睡觉。"孩子央求道："我再看一会儿，就一会儿。"妈妈严厉拒绝："不行，现在立刻关掉。"

不用说就知道，这种亲子间的沟通一定是失败的。最后孩子撇着嘴不情不愿地走去卧室，若是再不去，又将会是一场暴风骤雨。一个人的沟通仪表、态度、语气、表情如果不当，听的人根本就听不进他的说话内容，却能清晰快速地捕捉到令自己不爽的情绪。我们在日常生活中与孩子相处时，经常会有这样的事情发生。当我们掌握了"55387定律"后，沟通效果就会大大提升。

因此，在和孩子沟通的过程中，父母要学会自我觉察，重视对自己情绪的管控，使用温和、平等的态度和语气同孩子说话。

多掌握一些沟通技巧是非常有必要的，另外还有提问与倾听技巧等。比如，在向孩子提问时，尽量多问一些开放性的问题，激发孩子倾诉的欲望，在孩子倾听的过程中，也不要轻易去评判，以接纳为主。

　　没有沟通的家庭教育，是亲子之间的灾难。沟通是一门艺术，也是家长必须掌握的一门育儿技术。会沟通的父母，才能做好孩子成长路上的引路人。

一碗水端平，是多孩家庭最大的谎言

场景

　　多娃的家庭里，父母每天有断不完的案，稍微有个分配不均，娃们就大打出手，抢个你死我活。父母总想着一碗水端平，不偏不倚，但这可能是最大的误区。你是否想过，孩子们真的需要处处公平吗？其实，纷争的导火索就出在"公平"二字上。

　　在多孩家庭里，该怎么处理几个孩子之间的关系，一直是很多家长感到头疼的问题。有些家长觉得，一定要一碗水端平，让孩子感觉父母是绝对公平的，比如，给老大和老二买同样的玩具、分发同等数量的食物等。如果孩子性别不同，喜欢的玩具和食物不一样，那么就按照价格来折算。

今天我想告诉大家的是，一碗水端平是多孩家庭最大的谎言。因为绝对公平不仅无法实现，还会给每个孩子都带来伤害。

误区：
父母过度追求绝对公平，
反而带给孩子不平衡感

绝对公平为什么难以实现？美国《时代》周刊资深编辑杰弗里·克鲁格指出："世界上95%的父母都有偏爱的孩子，而剩下的5%不愿意承认。"

在多孩家庭中，父母都有自己更偏爱的那个孩子，没办法对所有孩子给予同等份额的爱，做到绝对的公平，这是一定的。

如果父母执意要追求绝对公平，那可能会带来两种结果。第一个结果是，老大觉得你偏向老二，老二觉得你偏向老大，也就是两个人都觉得你在偏向对方，这恰好是我们刚才提到的，无论父母怎么做到形式上的公平，孩子都能感觉到父母的偏爱。

第二个结果是，父母把所有东西都对半分，看上去是公平了，其实却是在限制老大和偏向老二，是对老大的不公平。

举个例子，父母买了 10 个草莓，为了绝对公平，给老大和老二各分 5 个草莓。但是，老大 8 岁，老二 2 岁，老大比老二大了 6 岁，身体和食量都大很多，按理说应该多吃几个，所以，父母的平均分配实际上是限制了老大。

说到父母对老大的限制，其实不仅仅是在东西的分配上，在日常教育管理上，父母为了追求公平，也往往会剥夺老大的一些权利。举个例子，一位家长和我说，家里有两个孩子，玩玩具的时候，她总是叫姐姐把玩具先让给妹妹玩。在这个家长看来，她这样做是为了确保老大不欺负老二，是一种公平的表现。但我要提醒大家，这个做法是错误的，非但没有做到公平，反而伤害了老大。

那么，当多个孩子发生冲突和矛盾，父母具体该怎么做？

养育规则：
科学制定并遵守家庭排序系统

无论是老大还是老二，都需要在家庭其他成员的管理中长大，做好家庭排序很重要。

站在老大角度上，他从出生开始就接受着父母的教育和管理，父母允许他玩玩具以及在什么时候玩玩具，他只能遵守。而对老二来说，他出生后面临的情况就是有爸爸妈妈、哥哥或姐姐的存在，他要接受这些家庭成员的教育和管理，老大也是管理者之一。

所以，父母正确的做法，不是追求形式上的公平，就制止老大管理老二和剥夺老大管理老二的权利，而是要教老大如何去管理老二，让老二能够在全家人的管理中健康长大。

在这里，我给大家分享一个概念，就是"家庭系统排序"（Family Constellations）。这是德国心理治疗大师伯特·海灵格经过 30 年的研究发展起来的，其核心概念是我们每个人都隶属于某些系统，在家庭中，每个成员都恰如其分时，爱就会有效地流动。在每个家庭中，每个人都有自己的排序，比如爸爸排第一位，妈妈排第二位，老大排第三位，老二排第四位。作为老二，他就会知道：我要听爸爸的，我要听妈妈的，我要听哥哥或者姐姐的。所有家庭成员都知道这个排序，了解自己在家里的位置，会听从家庭排序更高的那个人的建议，那么一家人就能很好地交流，遇到事情不会发生大的冲突。

当然，放在具体的事情上，家庭排序是可以调整的。比如，在做饭吃饭这件事上，优先听从妈妈的安排；在外出游玩方面，优先听从爸爸的安排。面对同一件事情时，只要家庭排序是相对稳定的，就不会出问题。相反，如果家庭排序不稳定，每个人对每件事都争着做主，那么就会发生矛盾和冲突。

举个例子，现在有很多家庭都有隔代养育的矛盾，其实就是家庭排序出了问题。正确的排序是，教育孩子时，爸爸妈妈排第一，对孩子的教育具有绝对的管理权，爷爷奶奶排后面，不能超越爸爸妈妈的管理权。但在很多家庭中，三代人住在一起，当爸爸妈妈管理孩子时，爷爷奶奶看不过去，会出来干预和制止，这就导致孩子发现有机可乘，趋利避害的本能会让他选择对自己更宽松的管理，不断靠拢爷爷奶奶，爷爷奶奶又强化了自己的管理权，从而出现溺爱孩子的现象，让孩子变得没有规则、见风使舵等。

还有一种情况是，父母总是对孩子百依百顺，会让孩子认为，自己的家庭排序是高于父母的，当父母对他进行管理时，他一定会和父母发生冲突。同理可以得出，在多孩家庭里，如果最小的孩子认为自己的家庭排序是高于哥哥姐姐的，那么他跟哥哥姐姐之间的冲突就会不断发生。只有当他认为自己在家里就是排在哥哥姐姐后面的时候，他才会接受哥哥姐姐对他的管理，孩子之间的相处才会和谐。

总之，在多孩家庭里，父母想让家庭氛围变得温馨平和，不要追求绝对的公平，而是要制定并遵守家庭排序系统。孩子之间要排序，总体原则是老二要听老大的管理，老三要听老大老二的管理；参与孩子教育的家长也要进行排序，父母对孩子具有绝对的管理权，爷爷奶奶、姥姥姥爷在这件事上的排序绝对不能高于父母。只有这样，才能避免关系混乱和家庭教育失效。

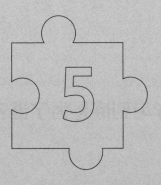

教育观点篇

学习到底是为了谁？

"你学习是为了我吗？你学习是为了你自己！"
这句口头禅你是不是常挂在嘴边？当你这么说的时候，孩子可能会反问你："既然我学习是为了自己，为什么你那么操心我的学习？"那么，学习到底是为了谁？

很多亲子之间关于学习造成的矛盾，不是因为我们不是好父母，而是因为我们太迫切地想成为好父母。**当你的迫切超越了孩子的发展规律，你的热情超越了孩子对学习的热情，那便是**

对孩子自我发展的一种破坏。慢慢地，很多父母在不知不觉中就掉进了引导孩子学习的误区。

误区1：
用讲道理逼迫孩子接受"学习是为了自己"

我经常在讲座时问父母们一个听上去很普通的问题：孩子学习究竟是为了谁？大部分父母的回答都是"孩子当然是为了自己，不然呢"。可事实上，没有父母不对孩子学习操心的。最终的结果就是：你越让他学，他越不学；你越催促他，他越磨蹭；你越控制他，他越反抗。

儿童发展心理学研究表明，在孩子的成长教育方面，父母单单有一种良好的教育愿望是不够的。每个孩子都有自己的个性特点，必须在了解孩子的心理发展特点，掌握他们的心理发展规律之后，父母才能给予恰当且有效的建议。

同样，**孩子在不同成长阶段，学习的目的有所不同，父母所要扮演的角色也要随之改变。**所以，我们要理清楚在每个阶段家长养育孩子的核心是什么。

养育规则：

唤醒孩子学习的内在原动力

与其用外力推着走，不如唤醒孩子学习的内在原动力。举个例子，我女儿在幼小衔接阶段时，我问她："你马上要上小学了，你知道吗？"她非常坚定地告诉我："我不想上学。"

我是这么跟女儿沟通的："上小学这件事叫九年义务教育，所有的家长都必须让孩子去上小学，这是家长的责任。换句话说，如果你不去上小学，爸爸就违反了法律。"前提是她在幼儿园的时候我已经告诉过她，我们要遵守很多法律，她也认可这一点。我还特意在网上把国家关于九年义务教育的规定找出来念给她听，她发现原来真有这么一个"上学法"。

我问她："你看你是选择上学，还是选择让爸爸违反纪律？"

其实问的时候我心里还挺紧张的，还好，我跟我女儿关系很好，所以她想了想说："好吧，我去上学。"

我举这个例子是想告诉大家，**对我女儿来说，上学这件事情她并不愿意，但是她愿意为了她爱的爸爸去上学。**

我需要告诉她为什么要上学，但是我没有直接跟她讲道理，比如，你必须上学；上学很好玩，你可以交到很多朋友；你可以学到很多知识；所有人都得去；你只有好好学习才能上好大学，将来才有好工作。

试想，孩子才刚结束幼儿园生活，听不进去也理解不了这些话，甚至觉得有点烦。所以，在解决"学习是为了谁"这个问题时，父母也可以换位思考一下。比如，我们工作是为了谁？我们努力赚钱是为了谁？我觉得绝大多数人在回答的时候可能都不会说是为了自己，而是为了自己爱的人，为了实现理想。

所以，在为了谁学习这件事情上，家长不要单纯地告诉孩子：你就是为了自己！我们要弄明白的是：**孩子在不同的阶段最在意的究竟是什么？找准需求，才能找到动力。**

误区2：
混淆不同学习阶段的教育重点

在孩子学习生涯的不同阶段，学习目的和所需父母的引导是不一样的，很多父母会混淆不同学习阶段的教育重点。家长只有抓住大方向才不会跑偏，下面几个重点阶段，大家不妨对照自己的情况了解一下。

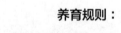

小学阶段的孩子可塑造性最强，非常需要父母高质量的陪伴与爱，来和孩子建立亲密关系，相应地，孩子对父母的爱也是非常伟大的。你要敢承认，这个时期他最爱的就是父母，孩子为了让父母开心，愿意去听话，愿意去学习。

慢慢地到了初中，孩子正处于从童年期到少年期的过渡阶段，往往是让父母最头疼的时候。

此时大多数孩子的心理会**从依赖父母逐渐转变成追求独立。**他们不再像小学时那般，事事听从父母的意见，而是希望父母把他们当成一个"大人"，和他们平等交谈，尊重他们的想法。除了更爱自己，他们的爱也会变得更加广阔。比如说，他们愿意为了自己爱的这个国家、内心的责任感而去努力、去学习。

随着年龄增长，他们会来到高中阶段。心理学家霍林沃斯在《青年心理学》里提到一个词，叫**"心理断乳期"**，它是指青春期到青年初期这一年龄阶段，是孩子从幼稚走向成熟的转折时期。

你会发现，高中的孩子逐渐试图摆脱父母的监督，而父母正相反，几乎是用尽精力来紧盯着孩子。

这个时期要分清哪些事是值得家长重点关注的，哪些是孩子要独立完成的。敢于放手，**给孩子选择的权利和空间，引导孩子为自己的选择负责，才是父母在这一阶段的重点任务**。这样，孩子在进入大学及社会后，才会在一次次的实践中学会如何选择，承担后果，对自己的人生负责。

最后，请父母们回顾四个关键点：**学龄前及小学的重点是陪伴，初中要做到尊重，高中要努力放手，大学及以后重在欣赏。**

通过了解孩子在各个成长阶段的心理发展规律，关于"学习究竟是为了谁"这个问题，你的心中有答案了吗？其实答案很简单，那就是：**孩子会为了自己心中的所爱而付出努力，父母的职责是做好他们每个阶段最优秀的规则导师。**

总之，在教育孩子的过程中，我们只有跳出误区，把握住每一个教育阶段的侧重点，才能达到事半功倍的效果。

千万别把孩子的特点当缺点

场景

　　有的孩子内向，见人不敢打招呼，爱紧张；有的孩子闹腾，总是坐不住，爱闯祸。其实，你眼里的这些孩子的缺点，往往只是他们身上的特点而已，误解了这一点，会让孩子失去成长动力。

　　很多父母因为分不清孩子的特点和缺点，而把鼓励变成了责怪。虽说现代教育提倡因材施教，但是在实际养育过程中，家长心里还是会有一个完美孩子的标准。

比如，希望内向的孩子变得外向、主动，觉得这样才能更优秀，对内向孩子经常表达不满，事后又常常后悔，觉得自己没有充分尊重孩子的个性，但下一次，孩子表现出内向特质时，家长又忍不住重蹈覆辙。这一节我就来和大家说清楚，如何正确看待孩子的缺点和特点，真正做到因材施教。

误区：
把孩子的特点当成缺点去纠正

很多人总觉得外向性格好、内向性格不好。难道只有外向的、热情的、勇敢的孩子才是优秀的孩子吗？

实际上，外向的孩子在与人交往时会更加热情开朗，而内向的孩子做事会更加专注和投入。很多家长忽视了内向的优点，只盯着缺点看。比如，家里来了客人，如果孩子表现出害羞和不好意思，家长就会认为孩子不懂礼貌和不善交际，忍不住给孩子贴上"这孩子太内向了""不懂礼貌"的标签。孩子受到批评，产生自我怀疑，从而变得更加内向，不敢表达自我。

养育规则：
辩证看待孩子的特点，不盲目负面强化

不少家长内心早就存在一种既定标准，认为自己的孩子只有满足了这个标准才是正确的，才是优点，如果没有满足这个标准，那就是错误的，就是缺点。

最常见的是关于勇敢和胆小的问题。尤其是看到男孩胆子小，家长就会特别担心，害怕孩子长大后没有男子汉气概，于是想办法让男孩和爸爸多待在一起，或是参与各类探险活动。

这其实是家长误解了勇敢的真正含义。勇敢不是对危险毫无畏惧。我们所追求的勇敢，是关键时刻体现出来的保护欲，是不怕失败、勇于挑战的信念，是犯错后敢于承担的责任心。而且，我们也要分清勇敢和莽撞。很多孩子看似总是在退让，但实际上是在用自己的机智化解危机。

我在课上给大家分享过一个很有意思的实验，有一只藏獒和一只黑背犬，在面对狮子的时候，表现完全不同。藏獒看到狮子的时候，会拼命往前冲，用铁链都拉不住；而黑背犬刚好相反，看到狮子的时候，它会夹起尾巴，缩成一团。

看到这里，很多人都会出现两个解读：第一种解读是藏獒

有大无畏的精神，不管敌人有多么凶猛，它都会冲上去，藏獒比黑背犬要勇敢；第二种解读是黑背犬很聪明，它明白自己跟狮子之间在力量上的差距，而藏獒不了解这个力量的差距，不明白自己实际上打不过狮子，那么在这种情况下，黑背犬选择示弱和保全自己，就是聪明的表现。其实，黑背犬除了聪明，还特别勇敢，为了保护主人，即使碰到很多比它凶猛的野兽，它依然会冲上去，而这就是我们要追求的勇敢。

相信家长们都能明白，孩子的害怕和胆小，很多时候只是出于自我保护的需要，并不是真正的胆小，也不是缺点。比如，他们怕黑，不敢独自一个人回家，不敢参与某项运动，等等，这些害怕和恐惧是一种基本的情绪表达。当孩子感觉恐惧，其实就是自我保护的方式。如果孩子没有恐惧感，才是一件很可怕的事情。就像一个人感觉不到疼，即使身上在流血也不害怕，不采取措施，很快就会失去生命。

说到这里，你或许会说，孩子的有些表现很难区分是特点还是缺点。比如，有的孩子特别爱哭，刚开始，父母还能耐心哄着和陪着，等孩子到了五六岁了，还动不动就哭，家长就会很抓狂，忍不住打骂孩子，但孩子因此哭得更厉害，家长也愈加暴躁，陷入恶性循环。

孩子哭这件事，也要分情况来看。有些孩子天生泪腺的控制力弱一些，或者性格敏感，情绪波动较大，所以爱哭。很多小孩子看动画片，也会跟着落泪，这就是他们的特点。而有的孩子是用"哭"的方式来获取自己的利益，比如要买某个玩具，你不给我买，我就撒泼打滚，这背后是把"哭"作为谈判和要挟的手段，这就是缺点。用一句话概括，就是**特点是天生的，而缺点往往是后天养成的。**

　　家长要先了解孩子属于哪种情况，到底是天生的特点，还是后天养成的缺点，再来针对性地解决问题。天生爱哭的孩子，他们的特点是相对敏感，更加容易感伤，这是性格里自带的，家长不用为此感到焦虑和强行干预，选择尊重就可以了。而且这些孩子更容易去察觉别人的情绪和理解别人，这个特点可以转化成很多其他优势。如果家长只盯着哭泣带来的负面结果，认为孩子柔弱、不坚强，就容易抹杀了孩子的特点。

　　对于把"哭"作为要挟手段的孩子，就需要家长们进行纠正和引导了，而且往往源头就在家长身上。因为家长在孩子哭的时候满足了孩子的要求，孩子发现这个行为能达到自己的目的，下次就接着用。家长要做的，是有效地改变孩子的观念，可以告诉他："哭并不能得到你想要的东西，你可以好好说话，表达你的诉求，爸爸妈妈也会判断这个诉求是否合理，再选择是否给你买。"

　　家长看到孩子的很多表现，即使不符合自己的既定标准，也不要轻易认为这是孩子的缺点，而是要提醒自己，这或许是孩子的特点。特点是天生的，而缺点往往是后天养成的，我们需要分情况来进行引导，才能让家庭教育更有成效。

教育是场马拉松，"笨鸟先飞"是个误会

场景

　　一直以来，在学习方面，很多家长信奉的是"笨鸟先飞，越早越好""千万不能让孩子输在起跑线上"，于是对早教班、补习班趋之若鹜。可教育真的是越早开始越容易成功吗？

　　"提前出发"或许有效，但如果违背了孩子自身的发展规律来强制执行，结果往往不尽如人意。

误区：
教育越早开始，越容易成功

先说明一点，每个孩子的能力发展有不同的侧重和快慢，每个孩子都是独特的，请不要把自己的孩子提前定义为"笨鸟"。

之前有位家长向我咨询："侯老师，我的孩子学数学很困难，理解能力和逻辑能力都非常差。连 1+1=2 这么简单的问题，都要我教很多遍，他还是学不会。有什么好办法吗？"听他讲完，我就已经意识到问题了，我问他："孩子现在几岁了？"他答："3岁半。"我又尝试着问了他一句："那你有没有觉得，教一个 3岁半的孩子学这个难度的数学是不是有点早？"家长非常焦急地说："老师，真不早了！他本来接受能力就差，如果再不提前学，等大家都学的时候，他肯定差一大截。既然不聪明，总得笨鸟先飞啊！"

既然孩子接受能力差，那就要早点起步，提前努力，提前付出，防止后期出现差距，这乍一听好像没毛病，但是，很多父母忽略了一个非常重要的认知偏差：**为什么在这个阶段，唯独你的孩子能力差？**

其实，恰恰就是因为你的"笨鸟"过早地努力。

中国的孩子几乎都不缺努力，他们缺的是父母对孩子正确的期待认知、良好的亲子关系以及清晰的目标规划。我们都知道，不同阶段的孩子认知不同。**在 3 岁多的前认知阶段，孩子还不具备抽象的学习能力。**举个例子，你给孩子一个苹果，再给他一个苹果，你问孩子，你有几个苹果，孩子说我有两个苹果。然后家长就很开心："你看，这就是 1+1=2，明白了吗？"这个时候，再问孩子 1+1 等于几，孩子不明白，家长就觉得孩子笨。对于 3 岁多的孩子来说，他还没有能力把一个苹果换算成抽象数字"1"。这就是家长不了解孩子的成长规律所造成的"误会"，而家长总习惯把这样的事情归因为孩子笨。越让孩子提前学，孩子表现得越笨，孩子越笨，家长越焦虑，这是一个典型的恶性循环。

当孩子还不具备某方面的学习能力时，提前学这些内容就会很吃力，自己也会对学习产生抗拒，认为学习本身就是一件很难的事情，厌学就是这么来的。

养育规则：
与其赢在起跑线，不如赢在终点线

　　为什么很多成功人士都选择"输在起跑线"？因为赢在起跑线实际上并不是一个睿智的观念，揠苗助长真的会害了孩子。现在依然有很多家长，不遗余力地将孩子推向那条看不见的起跑线，导致很多孩子在上小学之前就厌学了。面对这种误区，家长应该怎么办呢？

　　首先，纠正认知偏差。有些孩子在话都说不清楚时，就喜欢用画画的方式去表达自己的情绪，表达自己的态度，所以大部分孩子两三岁就开始尝试去画画了。家长一看，既然可以画画了，是不是也能开始写字了？但写字和画画对孩子手指精细动作的要求是完全不一样的。因此，家长一定要有正确的认知。

　　其次，帮孩子合理制订学习计划。有一次，一位家长问我："有没有能提高孩子认字效率的方法？"他的孩子才5岁，我当时就告诉他，如果你真的想提高孩子的认字效率，最简单的一个方式就是明年再教他，那时候效率会高很多。家长要知道孩子在每个成长阶段的发育特征是什么，再根据孩子当前的特点，合理安排学习计划，这样才会事半功倍。

最后，学会放松，减少不必要的焦虑。给你分享一段非常触动我的话："每个孩子都是一朵花，只是花期不同而已。有的花开在春天，而有的开在其他季节。当人家的花在春天开放时，你不要急，也许你家的花是在夏天开；如果到了秋天还没有开，你也不要着急踩他两脚，说不定你家的这棵是蜡梅，到冬天开得会更动人；如果你的花到冬天还没开放，你也不要气馁，没准你的花就是一棵铁树，铁树不开花，一旦开花便惊艳四方，且绚丽无比。真正的园丁不会在意花开的时间，只会默默耕耘，静待花开……"静待花开不是指家长两手一摊，静静等待，而是要通过学习更好地了解孩子，认清自己孩子的性格特征和能力特点，充分尊重孩子成长的规律，最大限度地挖掘孩子的内在潜质。

人生是一场长跑，马拉松比赛的冠军往往都不是最开始就领先的那个。即便孩子在起点赢了，中途跑不动了，又有什么意义呢？

父母是孩子的第一任老师，与其逼着孩子"笨鸟先飞"，不如以塑造更健全的人格、培养更良好的生活和学习习惯为基础，充分尊重孩子的天性，循序渐进、因材施教，让孩子得到更长远的发展。

批评孩子是一种惩罚方式吗?

场景

　　常听有的家长说:"孩子上学总是迟到,已经批评了无数次,早上还是起不来。"其实说到批评孩子,家长们往往觉得很无力,因为批评似乎起不到太大的效果,但惩罚呢,又不好掌握分寸。总之,好难啊!

　　谈完了表扬和鼓励,我们来讲讲批评和惩罚。惩罚不是为了罚而罚,严格意义上说,惩罚是对孩子的一种保护,保护他不再犯同样的错误。

误区：
把批评当作惩罚孩子的手段

假设孩子在玩火，这时候你说："你怎么能玩火？玩火是不对的！"这是批评，也是为了制止孩子当下正在做的事情。那么你批评了之后有效果吗？不一定。

惩罚的目的是要改变一个人的行为。比如，有人在火车上抽烟被发现了，管理人员说："你把烟掐灭了！"这是制止他抽烟。但是之后的惩罚是什么呢？对"抽烟"进行罚款，暂停购票等。惩罚的目的是，让他以后都不再在火车上吸烟。

当孩子犯错了，家长首先要做的是制止和纠正孩子的行为，之后，需要有相对应的惩罚方式。注意，一定是有效且安全的惩罚方式。

很多孩子做作业拖拉磨蹭，家长要求他9点写完，他每次都写到9点半、10点。家长就一直在旁边唠叨："你看你怎么这么磨蹭！你为什么不早点开始写？"这属于批评。这种模式在很多家庭每天重复上演，但是孩子的行为并没有发生太大变化，这样的批评就是无效的。

有效的惩罚方式，必须能够**使之改变行为**。比如说，交规里面关于机动车闯红灯的惩罚是"罚 200 块钱"加上"扣 6 分"。这个惩罚可以有效制止这个驾驶者之后再去闯红灯，为什么？假设没有"扣 6 分"这个必选项，只是扣 200 元，可能一些有钱人就无所谓，反正闯一次红灯就罚 200 元，之后他还是可能闯红灯。那么，这样的惩罚就是无效的。可是加上"扣 6 分"这一项，就让所有司机不得不提高警惕，因为扣满 12 分就得去学习和考试。

所以，批评是为了制止孩子当前的错误行为，而惩罚是为了让他以后都不能再犯这种错。

养育规则：
正确惩罚，不伤害孩子的自尊

我讲课的时候，经常会有家长问："孩子做错事，我应该怎么惩罚孩子？是打他，没收他的玩具，还是怎么样？"

首先，惩罚的方式要因人而异。不同孩子在乎、害怕、担心的东西是不一样的，不能对所有的孩子都用同一种惩罚方式。

但别忘记，惩罚方式的判断标准之一是能否有效改变孩子的行为。这就需要家长根据孩子的特点选出适合的惩罚方式，这个过程需要摸索。

在执行过程中有两点需要家长们格外注意：

1. 家长和孩子都要严格遵守惩罚原则。

比如，你和孩子的约定是玩手机不能超过半小时，孩子一旦超时，那么之前约定好的惩罚方式，你必须执行，不能因为今天你心情很好，就不对孩子进行惩罚了，这样会让孩子对你的惩罚标准产生怀疑，或者判断不清惩罚标准是什么，这样的惩罚对孩子来说就没有震慑力了。

2. 不要在惩罚孩子的时候代入自己的情绪。

大部分家长在孩子犯错时都会忍不住生气，但你一定要给自己几分钟时间，等自己情绪稳定下来后，再去惩罚孩子。尤其要注意的是，别在惩罚孩子的时候去责骂他，特别是给孩子贴人格标签，是万万不可取的。"你就是笨""你就是傻""你就是懒"，家长的这些话语映射到孩子心里，就变成了"我就是一个没用的人""我就是一个笨人""我就是一个懒人"。这种责骂，并不能改变孩子的行为，却很有可能会伤害孩子的自尊。

希望每个家庭都能在有效惩罚中建立一种健康积极的养育

模式，父母在惩罚孩子的时候，也要尊重孩子，惩罚的目的绝不是为了罚孩子，而是让孩子从父母坚定的态度中逐渐认识并约束自己行为的界限，养成自省自律的习惯。

用鼓励代替表扬，我们都错了

场景

很多家长都不肯给孩子一句简单、真诚的表扬，比如"你考了 90 分，你真棒"，生怕这样说他会骄傲、翘尾巴，而是通常会谨慎地在后面加一句"咱们继续努力，争取下次考 100 分"。仔细想一下，这样说无非是把对孩子的认可又变成了要求。那么到底该怎样表扬孩子呢？

一直以来，很多父母都陷入了一个误区，要多鼓励孩子，但不能经常表扬孩子，因为鼓励能帮助孩子保持优秀，取得更大进步。

在他们看来，经常表扬孩子，会让孩子变得骄傲自大；而鼓励在肯定的同时，也给孩子提出了新的目标，可以激励孩子做得更好。

这种想法和做法是错误的，非但不能激励孩子，反而还会给孩子的成长埋下隐患。

误区1：
惯用鼓励来代替表扬

表面上看，表扬和鼓励只是语言表达上的不同。实际上，这两种方式带给孩子的感受和教育效果完全相反。

我们来看一个典型的鼓励例子。比如，孩子考试考了90分，有的家长跟孩子说："你今天考了90分，很不错，咱们下次继续努力，争取考100分。"

具体分析这句话，实际上它由两部分组成。第一部分"你今天考了90分，很不错"，这是认可孩子的成就，也就是表扬孩子，但是话音一转，却说"咱们下次继续努力，争取考100分"，**立刻把表扬变成了提要求，潜台词是，"我对你考了90分**

是不满意的"。

家长看起来是在激励孩子，不断提出新的目标和要求，实际上只会让孩子感到很挫败，因为他感受到了家长对他的不满意。

这就是为什么很多成绩很好，在班里排名靠前的同学，却常常表现出不自信。

> **养育规则：**
> **发现孩子的优点，就立刻表扬**

表扬是什么呢？实际上，**表扬是一种单纯的赞美，也就是"我认为你很好，而不会对你提出更多要求"。**

和鼓励不同，表扬能够起到正强化的效果。简单来说，就是当我们做出某种行为，随后得到他人的某种奖励，我们就会持续这种行为。

当孩子考了 90 分时，家长可以说"你考了 90 分，真厉害，我们为你感到骄傲"。那么孩子自发地就会产生一种"我下次也要考 90 分，甚至要考得更好"的想法，这是被正强化了之后的行为反应。

相反，如果一个孩子没有被单纯地表扬过，他是很难建立起信心的。这个在我们谈自信心培养的时候也提到过。

渡边淳一在《钝感力》中说过，对孩子不应娇生惯养，但发现了优点，就应该立刻加以表扬。

所以，当孩子取得不错的成绩的时候，家长只需要单纯地表扬他，就能够让他树立起自信心。

误区 2：
不敢表扬孩子的聪明和天赋

我们已经知道，表扬孩子很重要，那表扬有什么技巧方式吗？有的人会说，我们要表扬孩子的行为，不要过于去表扬孩子的聪明，或者不要去表扬他们的天赋。其实，这种做法也是一个误区。

举个简单的例子，有个孩子从小算术特别好，后来数学学得也好，所以数学考试经常拿到第一名，但是家长不敢表扬孩子的聪明，只是表扬他"因为肯花时间做数学题"才会取得好成绩。

我们生怕夸孩子"你真聪明"，就会助长孩子的优越感，觉得自己天生聪明后天不需要努力了。事实上，正视孩子的天赋是为了给孩子最合适的教育，帮助孩子"兑现"他的天赋。

天赋是与生俱来的，而且是真实存在的，它代表着人的智力或者某些才能的特殊性。孩子的特质，并不会因为你不敢夸奖而消失，但可能会因此被埋没。

每个孩子都应该尽力释放自己的潜能，而来自父母的表扬就是一种非常有效的激发手段，让孩子感受到你对他的优势的重视与支持。

养育规则：

夸孩子时，你不妨大胆一些

家长们要多多夸赞孩子的聪明或者天赋，但同时要告诉他们，聪明的表现形式是多种多样的。有的孩子记忆力很强，是聪明；有的孩子逻辑思维能力很强，是聪明；有的孩子情商很高，表达能力很强，也是聪明。

美国心理学家加德纳博士提出了"多元智能理论"，他认为人类智能结构是多元的，其中包含了言语语言智能、数理逻辑智能、视觉空间智能、音乐韵律智能、身体运动智能、人际沟通智能、自我认识智能、自然观察智能。其中每一项智能都是一个人聪明的体现，所以我们夸孩子聪明并没有任何问题，只是我们在夸的时候可以更加有指向性，让他更加了解自己。

当孩子的聪明或者天赋被认可之后，他会在自己擅长的领域变得更有自信，做得更好。

当我们表扬孩子的时候，也可以采取"花式夸夸法"，可以有语言的称赞、物质的奖励，还可以用肢体接触的方式来表达自己的支持。比如，抱一抱他，或者给他竖一下大拇指，或者跟孩子击个掌。**而且，我们要多角度地去表扬孩子，除了表扬孩子的聪明，还可以表扬孩子的细心和毅力，等等。**

不要吝啬对孩子的赞美，它能浇灌出最让人意想不到的果实。

别用孩子一时的错误
编造"滑坡谬误"的陷阱

场景

　　从小到大，我们经常听到这样的话："这孩子再这样下去怎么得了！""你现在就这样，长大以后就完蛋了！"类似的话，就是大人给孩子编造的"滑坡谬误"的陷阱，如果你不小心踩雷了，很可能会让孩子深陷焦虑不能自拔。

　　"滑坡谬误"指的是使用一连串的因果推论，看上去像是以小见大，但是每个环节的因果强度都进行了夸大，将可能性转化为必然性，导致最后的结论是不合理的。就像一个坡，把你推下去，让你越滑越深。

误区：
将孩子偶然行为放大成必然因果

在孩子成长的过程中，有些家长会通过滑坡谬误，把孩子的偶然行为放大，把后果想得特别坏，仿佛自己不马上制止，孩子就会酿成大错。有句俗话就很能体现滑坡谬误："3 岁看大，7 岁看老。"很多人对此深信不疑，认为孩子小时候存在一些所谓的不良行为，长大后只会变得更严重。

举个例子，孩子和家长交流时，突然说了几句脏话。这时候家长很担心，会忍不住想：他现在开始骂人了，接下来是不是要打人了？是不是要结交不好的朋友了？是不是学习成绩要下滑了？这么一想，家长感觉孩子的一生都完了，就会开始批评孩子说脏话的行为，甚至盘查孩子的朋友，每天对孩子进行监督和提醒。结果，孩子却觉得父母的行为很可怕，只想逃离。这就是掉进了"滑坡谬误"的陷阱。

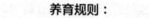

养育规则：

将孩子的行为合理化，找到对应调整方法

　　面对孩子的某些不良行为，比如说脏话、抽烟等，家长的正确做法是什么呢？有个原则要分享给大家，就是学会合理化孩子的行为。当孩子出现不良行为时，家长肯定很着急，但一定要提醒自己，孩子这样做肯定事出有因，并不意味着他马上要走向一个极端，马上就要变成坏孩子。当我们这样想，就能及时消除自己的负面情绪，不让简单的事情变得复杂化。

　　我们合理化孩子的行为，不代表接受他的行为。而是要在找到原因的基础上，找到调整孩子行为的方法。

　　举个例子，有的男孩高中开始抽烟，很多父母知道了会特别崩溃。正确的做法是，先对这件事情合理化，不要急着上纲上线地批评孩子。男孩尝试抽烟，可能会觉得抽烟的男孩更加有魅力，或是想让自己融入某一个群体，又或者出于模仿的心理。

　　我们合理化孩子的行为之后，下一步就是调整孩子的行为。我们要告诉孩子，抽烟是不对的。如果是出于增加自己魅力的需要，可以多锻炼或者发展其他兴趣爱好；如果是模仿某个人，可以模仿对方的优点，而不是抽烟。

我家女儿上一年级时，有次放学回家和我聊天，说起自己和好朋友对抗几个调皮男孩的经历。她非常兴奋，说着说着就突然冒出一句"傻×"。当时我在想，要不要马上制止她。

但我观察了一下，女儿说完这个词的时候，变得很紧张，小心翼翼看着我，与刚开始的眉飞色舞相比，完全是两个模样。所以，我很好地克制了自己，先当作什么都没听到，继续和刚才一样，表现出对她说的事情的好奇和期待。我就说："好的，你继续给爸爸讲。"我女儿看我确实没有什么反应之后，又恢复到那种眉飞色舞的状态，给我讲刚才的故事。

试想一下，如果我在她说出那个词的时候马上很生气地打断她，那么女儿会更加害怕，以后想和我交流的时候，也会变得畏首畏尾，不能完全敞开心扉。这会让她在以后想要表达的时候，想的不是她想说什么，而是我愿意听什么。

我当时没有制止这件事，是想着后面可以再想办法来引导和管理，这样才能不破坏孩子跟我表达的安全感。

接下来，我仔细想了想，孩子说脏话的行为是不对的，但是我没有马上对她进行说教，过了几天，我们一起在街上走路的时候，旁边正好有两个高年级的孩子在说脏话，我就问我女儿："你看那些大哥哥，他们之间在说脏话，你觉得他们是不是在骂人？"然后我女儿说："我觉得他们也不是在骂人，就是在发泄情绪。"我说："有道理。"认同了女儿的话，给了她安全感。接着我问女儿，可以和老师或者家长这样表达情绪吗？我女儿想了想说，不可以。我又问她能否在课堂上表达，回答是"不能"。能否和亲密的朋友表达？她说"可以"。我又补充，如果要表达，也必须分情况、分场合，开玩笑是可以的，但有些场合是绝对不能说的。女儿表示认同，这件事也算是画上了一个圆满的句号。

总之，我们想避免"滑坡谬误"，就要在看到孩子的不良行为之后，不要上纲上线，而是要先合理化孩子的行为，对孩子的行为进行界定，分析一下这个行为是需要我们完全制止的，还是要分不同的阶段和不同场合来看待。

在生活中，其实家长不太容易察觉到"滑坡谬误"，那么在了解了这个误区后，我们在教育孩子时，就要尽量避免掉入这个陷阱，让孩子受到伤害。带着爱意和耐心去教导，才会让孩子远离不良行为，建立正确的认知和自觉遵守规则的意识。